MACH DEINEN MEDIENFÜHRERSCHEIN

THOMAS FEIBEL

CARLSEN

Warum ich diesen Medienführerschein geschrieben habe

Hallo, liebe Leserin, hallo, lieber Leser,

wenn du Freude an Smartphones, Apps, PC und dem Internet hast, wirst du viel Spaß mit diesem Buch haben. Dabei spielt es keine Rolle, ob du bereits dein eigenes Smartphone oder Tablet besitzt oder bald dein erstes bekommst. Sicher weißt du schon eine Menge über die tolle Welt der Medien. Doch der Infoteil dieses Buches liefert dir noch viel mehr Hintergrundwissen, damit aus dir ein echter Profi im Umgang mit Smartphone, Tablet und PC wird.
„Mach deinen Medienführerschein“ spricht auch Probleme an, die dir im Medienalltag begegnen, und bietet dir hilfreiche und praktische Lösungen, etwa, was du tun kannst, um dich vor Kettenmails, Abzocke oder Cybermobbing (sprich: Seibermobbing) zu schützen.

Toni liebt Zocken.

Aber Toni will nicht abgezockt werden.

Lilli lässt sich gerne fotografieren.

Aber Lilli will nicht in peinlichen Momenten fotografiert werden.

Wenn du den ersten Teil des Buches durchhast, bist du für den großen Test bereit: Prüfe dein Wissen! Anschließend bekommst du deinen persönlichen Medienführerschein.
Dann hast du es schwarz auf weiß: Du kennst dich super aus mit Computer, Smartphone und Internet!
Viel Spaß! :-)

Thomas Feibel

Computer, Tablet, Smartphone & Co.

Wie viele Handys habt ihr zu Hause? Und wenn du dann noch Computer, Notebooks und Tablets dazuzählst, kommt bestimmt ganz schön was zusammen, oder? Und wie machst du eigentlich das Licht aus: Knipst du noch selbst oder bittest du „Alexa" darum? Computer, Smartphones und Sprachassistenten sind in unserem Alltag ganz normal. Doch worin unterscheiden sich die einzelnen Geräte?

Mitmachen

In jedem Bild haben sich kleine Computermäuse versteckt. Findest du alle 6?

1. Der Computer (sprich: Kompiuta)

Tonis Computer besteht aus Rechner, Bildschirm und Tastatur. Im Inneren des Rechners, der groß und schwer ist, stecken viele technische Teile. Toni macht mit dem Computer Hausaufgaben oder bereitet Referate vor. Auch schaut er Musikvideos oder spielt Minecraft. Der Computer wird auch PC (Persönlicher Computer) genannt. Um zu funktionieren, braucht er Computerprogramme (siehe Seite 8).

2. Das Notebook (sprich: Nootbuk)

Manchmal darf Toni das Notebook seiner Eltern benutzen. Es ist wie ein PC, nur kleiner und tragbar. Dank seiner aufladbaren Batterie (Akku) kann Toni das Notebook überallhin mitnehmen und mehrere Stunden damit im Wohnzimmer, auf dem Balkon oder in der Schule verbringen.

Professor Nörd

Wahr oder nicht wahr?

Notebooks werden auch Laptops genannt. Die ersten waren so groß und schwer, dass sie scherzhaft „Schlepptop" genannt wurden. *

- [x] stimmt
- [ ] stimmt nicht

* Stimmt. (To) schlepp ist ein fester Begriff in den USA.

3. Das Smartphone (sprich: Smartfohn)

Luisa liebt ihr Smartphone. Smartphone heißt auf Deutsch „schlaues Telefon“. Es ist ein kleiner Computer. Sie schreibt damit Nachrichten, sieht sich Videos an oder macht Fotos. Die Programme dafür heißen App (sprich: Epp). Das steht für Application (sprich: Epplikäischen), was auf Deutsch "Anwendung" bedeutet. Das Smartphone bedient sie durch Tippen und Wischen auf dem Bildschirm. Weil Luisa es immer dabei hat, haben ihre Eltern viel weniger Kontrolle darüber, wo und wie lange sie am Gerät hängt. Manchmal gibt es deshalb Streit.

4. Das Tablet (sprich: Teblett)

Samiras Tablet ist eine Mischung aus Computer und Smartphone. Um damit Nachrichten zu lesen, Musik zu hören und Videos zu schauen, benutzt sie Apps. Das Tablet steuert sie wie ein Smartphone durch Tippen und Wischen. Ein leichtes Tablet ist auf dem Sofa bequemer als ein Notebook. Samira dreht mit dem Tablet Filme, macht Fotos oder spielt damit Schach.

5. Der Sprachassistent

Sprachassistenten sind Programme in Computern und Smartphones, die das Eintippen auf der Tastatur überflüssig machen. Sie reagieren auf gesprochene Sprache und antworten mit menschlicher Stimme. Die Sprachassistenten liegen auf einem Server des Anbieters, der bei jeder Verwendung kontaktiert wird. Beim PC heißt der Assistent „Cortana“, beim iPhone (sprich: Eifon) „Siri“. Es gibt auch eigene Geräte mit und ohne Bildschirm, zum Beispiel „Alexa“. Auf Kommando spielt „Alexa“ Musik ab oder informiert dich über das Wetter. Damit „Alexa“ reagiert, sagst du ein Schlüsselwort, zum Beispiel den Namen. Auch diese Geräte haben eigene Programme. Bei „Alexa“ werden sie Skills genannt, beim „Google Assistant“ Actions.

Kurze Geschichte des Computers

Zehn Fakten von Prof. Nörd über Computer, Smartphone & Co

1. Was ist ein Computer?

Der englische Begriff Computer bedeutet „Rechner“, weil die Vorläufer des Computers Rechenmaschinen waren. Vor der Erfindung des Stroms schoben Menschen zum Zählen bunte Kugeln hin und her. Später funktionierten manche Rechenmaschinen sogar mit Dampf.

2. Wer hat's erfunden?

Es gibt mehrere Erfinder. In Deutschland, Amerika und England arbeitete jeder für sich allein an der Entwicklung des Computers. Die ersten Computer waren so riesig, dass die Mitarbeiter darin herumliefen. Als die Computer klein genug waren, dienten sie zu Hause zunächst vor allem als bessere Schreibmaschine.

Konrad Zuse hat in den 1930er Jahren in Deutschland den Computer erfunden.

Ein Spaziergang im Computer

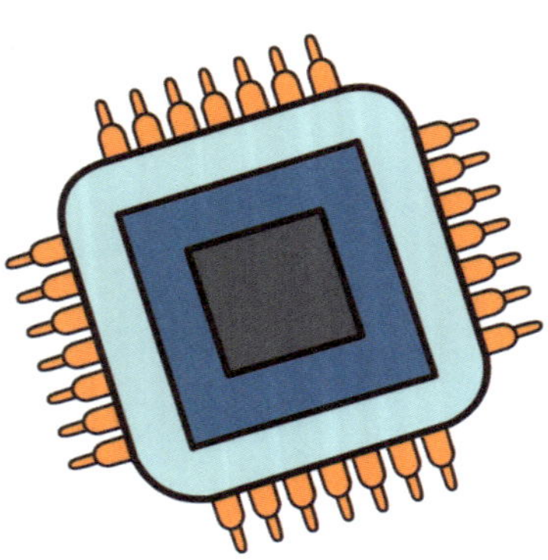

3. Und wie wurde der Computer kleiner?

Durch die Erfindung des Mikrochips, eines minikleinen elektronischen Bauteils, schrumpften die Computer. Heute sehen sie nicht länger wie der klassische Rechner aus. Ein Handy oder eine Playstation sind auch Computer. Es steckt aber auch ein winziger Computer in Fahrradtachos, Digitalkameras, Fahrkartenautomaten und vielem mehr.

4. Warum ist der Computer wichtig?

Computer begegnen uns zu Hause, in der Schule und bei der Arbeit. Damit gut umgehen zu können ist so wichtig wie Lesen, Schreiben und Rechnen. Heute gibt es fast keine Berufe mehr, die ohne Computer auskommen. Es entstehen sogar neue Berufe. Viele Firmen und Fabriken nutzen neueste computergesteuerte Entwicklungen wie Drohnen als Paketzusteller, oder selbstfahrende Autos. Ohne Computer kann kaum noch jemand sein Geld auf dem Bankkonto verwalten. Selbst das Wohnen zu Hause verändert sich: Im Smarthome (schlauen Haus) regeln Computer als Schaltzentrale Stromverbrauch, Beleuchtung und Heizung. Ein Leben ganz ohne Computer ist möglich, aber es wird schwer.

Wahr oder nicht wahr?

Exoskelette sind Maschinen mit Computerprogrammen, die Menschen helfen, besonders schwere Lasten zu heben, oder sogar Menschen mit Lähmungen beim Laufen unterstützen können. *

○ stimmt ○ stimmt nicht

* Das stimmt. Mit so einem Skelett können manche im Rollstuhl sitzende Menschen tatsächlich wieder laufen. Toll!

Mitmachen

Mit oder ohne?
Kannst du erraten, wo ein Computerchip drin ist? Kreuze an. *

Lösung: * Fernseher, Auto, Waschmaschine, Flugzeug, Spielkonsole, Herd, Anzeige Bushaltestelle, Heizung

5. Wie funktioniert ein Computer?

Der Computer besteht einerseits aus festen Teilen, der Hardware (sprich: Hartwehr). Im Inneren stecken technische Bauteile wie Speicher, Festplatte oder das Herz des Computers: der Prozessor.
Damit der Computer funktioniert, braucht er noch Programme und Apps, die so genannte Software (sprich: Softwehr).

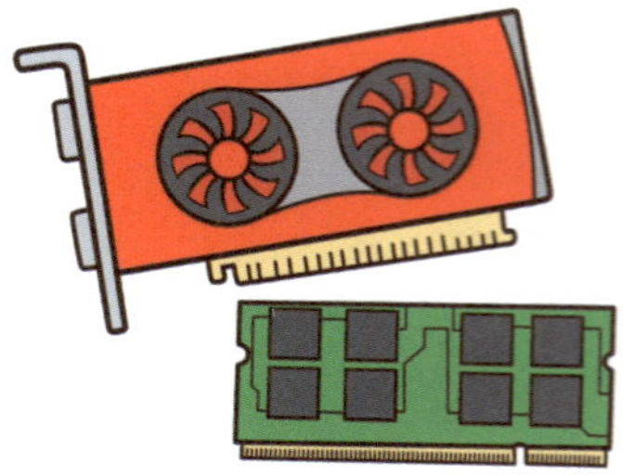

Hardware

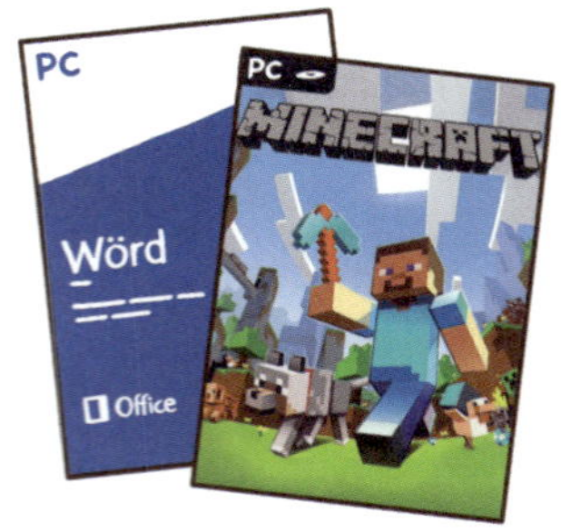

Software

Wahr oder nicht wahr?

Jedes Jahr gibt es Meisterschaften im Casemodding (sprich: Käismodding). Dabei werden Computergehäuse optisch auf außergewöhnliche Art verändert, zum Beispiel zum Aquarium. *

◯ stimmt   ◯ stimmt nicht

*Das stimmt. Diese Computer sehen total verrückt aus.

6. Welche Programme (Software) gibt es?

Ohne ein Betriebssystem starten Computer oder Smartphone nicht. Dieses Programm sagt dem Gerät, was es zu tun hat. Bekannte Betriebssysteme für Computer heißen Windows, MacOs oder Ubuntu. Software für Windows funktioniert nur mit Windows und nicht mit MacOs, und umgekehrt. Für Smartphone und Tablet heißen die Betriebssysteme Android und iOS. Mit anderen Programmen, wie etwa Word, schreibst du Texte, mit Firefox gehst du ins Internet.

7. Wer entwickelt diese Programme und Apps?

Programmierer. Das sind Menschen, die Programme und Apps in einer speziellen Computersprache erschaffen. Ihr Fachgebiet wird Informatik genannt.

8. Wie kommen Filme, Musik und Spiele in den Computer? ▶▶

Sie werden digitalisiert, also in Daten umgewandelt. Das ist wie eine Übersetzung. Aber statt in eine andere Sprache werden die Daten in ein Rechensystem übertragen, das der Computer „verstehen" kann. Dieses System nennen wir Zweiersystem, Dualsystem oder Binärsystem.

Zehnersystem (Dezimalsystem)	Zweiersystem (Dualsystem)
1	1
2	10
3	11
4	100
5	101
6	110
7	111
8	1000
9	1001
10	1010

◀◀ 9. Wie funktioniert das Dualsystem?

Aus Schule und Alltag kennst du das Dezimalsystem (Zehnersystem). Der Computer versteht nur das Dualsystem. Am PC siehst du einen Film oder ein Foto, im Hintergrund stellt der Computer aber alles nur mit zwei Ziffern da: 1 und 0. Schau dir mal diesen Kasten an, dann erkennst du den Unterschied.

10. Wie merkt sich der Computer das alles? ▶▶

Samira muss dem Computer sagen, dass er sich merken soll, was sie eingibt. Das wird speichern genannt. Sonst ist ihr Referats-Text beim nächsten Einschalten weg. Das gilt auch für Luisas bearbeitete Fotos und Tonis Spielstand bei „Fifa". Sie werden in Dateien abgespeichert. Schreibst du einen Text, dann gib der Datei einen guten Namen, damit du sie wiederfindest, etwa „Bienenreferat.doc".

Diese Speicher gibt es:

SD-Karten sind Speicherkarten, die zum Beispiel in Kameras stecken.

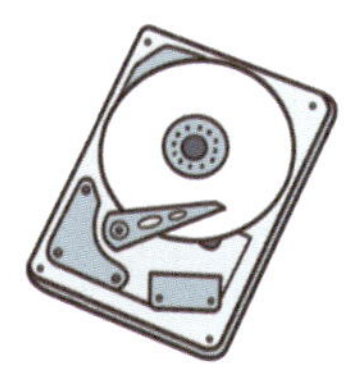

Festplatten sind ein Teil des Computers.

Externe Festplatten sind eigenständige Festplatten außerhalb des Rechners, die für Sicherungskopien genutzt werden.

Ein **Stick** ist ein kleiner, tragbarer Speicher zum Mitnehmen.

Clouds sind Speicherlösungen im Internet.

Wahr oder nicht wahr?

Weltweit landen ca. 45 Millionen Computer, Mobiltelefone und andere technische Geräte als Elektroschrott auf dem Müll. Dieser ganze Abfall wiegt mehr als 7 Millionen Elefanten. *

◯ **stimmt** ◯ **stimmt nicht**

* Das stimmt. Das liegt auch daran, dass kaputte Geräte eher weggeworfen als repariert werden.

Was ist das Internet?

Im Internet findet Toni Informationen zu allen möglichen Themen. Luisa kauft gern im Internet ein, und Samira videotelefoniert über das Web mit ihren Großeltern in der Türkei. Doch wie funktioniert das Internet? Riesige Rechner (Server, sprich: Sörva) sind weltweit miteinander verbunden, also vernetzt. Das ist wie ein gigantisches Eisenbahnnetz, das die ganze Welt verbindet. Darum wird das Internet auch als „weltweites Netz" bezeichnet, das „World Wide Web" (sprich: Wörld Weid Webb).

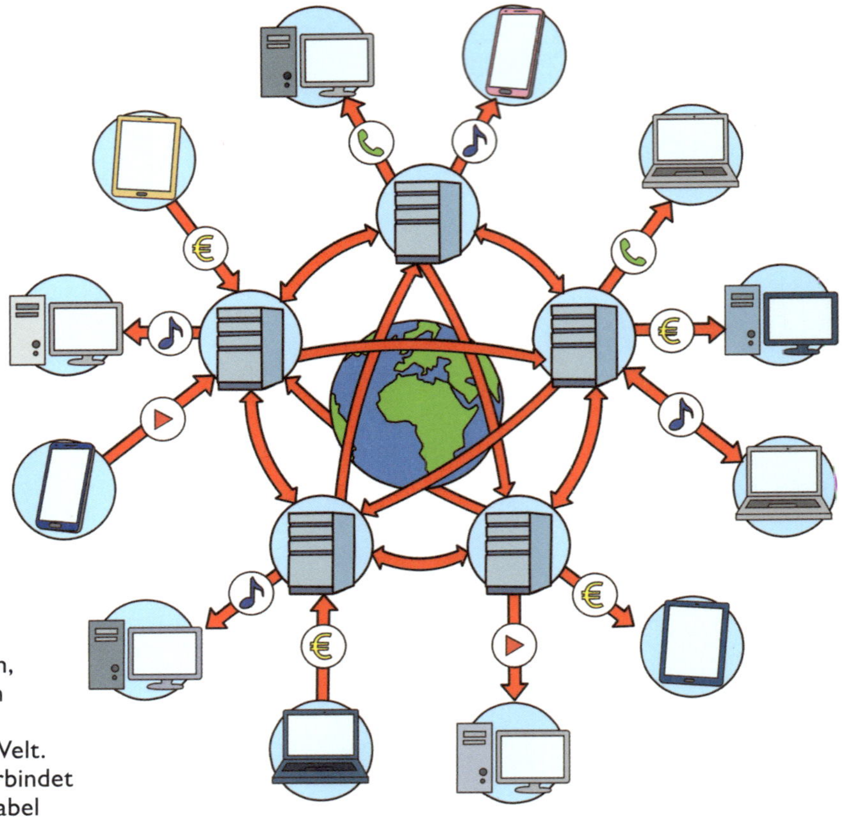

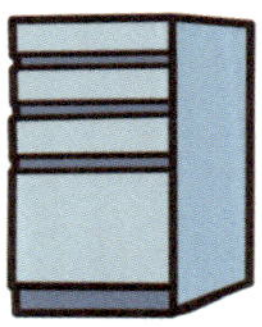

Server sind riesige Computeranlagen, die dafür sorgen, dass Informationen schnell und problemlos verschickt werden. Sie stehen überall auf der Welt. Verrückt: Damit das alles klappt, verbindet ein etwa 15.000 Kilometer langes Kabel Amerika und Europa.

Was brauche ich, um zu Hause ins Internet zu kommen?

Neben einem internetfähigen Gerät wie dem PC, dem Tablet oder dem Smartphone braucht ihr zu Hause

- einen **Vertrag** mit einem Internetanbieter, einer Firma, die euch mit dem Internet verbindet. Dafür zahlt ihr monatlich Geld (Flatrate, sprich: Fletträit).
- einen **Router** (sprich: Ruhta). Dieses Gerät erlaubt Computern, Tablets und Smartphones Zugriff auf das Internet.
- ein **LAN-Kabel**, das den PC mit dem Router schnell und sicher verbindet.
- **WLAN** (statt LAN-Kabel): W steht für wireless (sprich: weialess), also „ohne Kabel". Über Funktechnik kannst du damit stolperfrei vom Garten, Bett oder Klo aus ins Netz gehen. WLAN ist langsamer als die Verbindung über das Kabel und auch nicht sicher. Ein gutes Passwort (siehe Seite 36), schützt davor, dass keine Fremden in das WLAN-Netz eindringen.

Online (sprich: onlein) sein: im Internet angemeldet

Offline (sprich: offlein) sein: im Internet abgemeldet

Scrollen: Ist beim PC oder Smartphone der Text länger als der sichtbare Ausschnitt auf dem Bildschirm, musst du rauf- oder runterscrollen, um ihn zu lesen.

Einloggen: Du meldest dich im Internet oder auf einer Internetseite an.

Ausloggen: Bist du an fremden Rechnern (Schule, Bibliothek), musst du dich danach abmelden! Sonst kann jemand etwas in deinem Namen behaupten oder bestellen.

IP ist die Abkürzung für Internet-Protokoll. Jeder Computer, der ins Netz geht, hat eine eigene IP-Nummer.

Bluetooth: Ist eine Funktechnik, um ohne Kabel zum Beispiel Kopfhörer oder Lautsprecher mit dem Smartphone zu verbinden.

Was brauche ich, um unterwegs ins Internet zu kommen?

Für dein Smartphone brauchst du einen Mobilfunkanbieter. Es gibt zwei Modelle.

- Modell A: Deine Eltern schließen einen **Vertrag** ab. Jeden Monat zahlen sie dann einen bestimmten Betrag für Telefon, Nachrichten und Internetnutzung (Flatrate). Ist deine monatliche Datenmenge verbraucht, wird dein Internetzugang langsamer.

- Modell B: Deine Eltern kaufen eine Karte mit begrenzter Datenmenge. Das heißt **Prepaid** (sprich: Pripäid), auf Deutsch: im Voraus bezahlt. Wenn dein Guthaben aufgebraucht ist, müssten deine Eltern die Karte wieder aufladen.

- WiFi: Unterwegs kannst du über WiFi kostenlos einen fremden Internetzugang nutzen, zum Beispiel in Cafés, Läden oder in der U-Bahn. Das ist unsicher, weil der Betreiber dein Smartphone ausspionieren kann. Bei Freunden kannst du das WLAN bedenkenlos nutzen.

Wie kann ich mir Seiten im Internet ansehen?

Programme, mit denen du dir Seiten im World Wide Web, kurz Webseiten, ansehen kannst, heißen Browser (sprich: Brauser). Häufig genutzte Browser sind Firefox, Google Chrome und Safari. Damit du deine Lieblings-Webseite schnell wiederfindest, setzt du in den Browsern Lesezeichen.

1 Vorblättern

2 Zurückblättern

3 URL: Hier kommt die Adresse der Webseite oder dein Suchbegriff rein.

4 Noch mal laden

5 Suchfenster: Die ausgewählte Suchmaschine durchstöbert das Netz nach dem Begriff, den du hier eingibst.

6 Zurück zu deiner Startseite

7 Lesezeichen organisieren

8 Neuer Tab, also neue Seite mit eigenem Reiter

9 Browserverlauf: Mit einem Klick auf den Pfeil kannst du Tage später noch sehen, welche Seiten du aufgesucht hast.

Welche Webseiten-Typen gibt es?

- **Informationsseiten** liefern Nachrichten und Infos.

- Ein **Blog** ist so etwas wie ein Online-Tagebuch zu bestimmten Themen wie Mode, Sport oder Reisen.

- Im **Onlineshop** kannst du im Internet einkaufen. Die Ware wird nach Hause geliefert.
- Ein **Internetforum** ist ein Treffpunkt im Netz zum Diskutieren oder Fragenstellen. Internetforen haben oft feste Themen wie Umweltschutz oder Technik.
- Eine **Suchmaschine** hilft dir, Webseiten zu finden.
- Ein **soziales Netzwerk** ist eine Plattform, auf der Menschen miteinander in Kontakt treten und sich austauschen können. Mehr auf Seite 22.

Wenn du eine Datei aus dem Internet herunterlädst, wird das Download (sprich: Daunload) genannt. Stellst du eine Datei ins Internet, heißt das Upload (sprich: Aplohd).

Was sind Suchmaschinen?

Luisa schreibt einen Aufsatz über Bienen. Die Suche nach Informationen wird Recherche (sprich: Reschersche) genannt. Dafür nutzt sie Lexika, Sachbücher, Zeitungen und Bibliotheken und das Internet, denn das Web ist schnell, bequem und meist aktueller. Mithilfe von Suchmaschinen findet Luisa Webseiten mit Informationen. In Sekundenschnelle bekommt sie Seiten mit Texten, Bildern, Nachrichten, Karten und Filmen angezeigt – aber auch Werbung. Oft findet Luisa zu viele Infos. Und manchmal sind falsche Infos, Meinungen oder Lügen dabei.

Suchmaschinen für Erwachsene liefern die meisten Ergebnisse, aber ...

- Informationen allein reichen nicht. Prüfe sie erst auf ihren Wahrheitsgehalt und ihren Nutzen (Siehe Seite 15), bevor du sie verwendest.
- nicht alle Infos müssen stimmen, weil im Netz auch viel geschwindelt wird.
- es ist nicht immer gut verständlich, was du findest.
- viele Suchmaschinen gehören großen Firmen, die Informationen über dich speichern.

blinde-kuh.de, fragfinn.de und helles-köpfchen.de sind Kindersuchmaschinen.

Suchmaschinen für Kinder liefern verständliche Inhalte, spionieren dich nicht aus und verzichten auf Werbung. Aber ...

- sie finden nicht immer, was du suchst.
- sie erklären vielleicht nicht so genau, was du wissen willst.
- es muss auch hier nicht unbedingt alles stimmen, was du findest.
- vielleicht reichen die Infos nicht und du musst doch eine Suchmaschine für Erwachsene benutzen.

Wenn du bei der Suche im Internet auf etwas stößt, das dich erschreckt oder ekelt, hole deine Eltern.

duckduckgo.com und startpage.com zum Beispiel sind Suchmaschinen, die keine Informationen über ihre Nutzer speichern.

Wie suche ich richtig im Internet?

Toni muss einen Aufsatz über Wölfe in Brandenburg schreiben. Er bittet seine Eltern, ihm bei der Suche im Internet zu helfen. Auch Samira hat noch ein paar gute Tipps.

So findest du, was du suchst

Suche eingrenzen:
Allgemeine Suchbegriffe wie „Wölfe" bringen zu viele Ergebnisse. Besser mehrere und genauere Begriffe verwenden: *Wölfe, Brandenburg, Rudel.*

Fragen stellen:
Konkrete Fragen zu stellen hilft dabei, die Suchergebnisse einzugrenzen. Etwa so: *Leben Wölfe in Brandenburg?*

Platzhalter:
Willst du wissen, was noch alles unter „Wolf" zu finden ist, benutze das Sternchen, etwa so: *Wolf**. Dann kommen Ergebnisse, die mit dem Suchwort in Verbindung stehen, etwa Wolfsrudel.

Suchbegriffe in Gänsefüßchen:
Damit die Suchmaschine nicht auch alle ähnlichen Begriffe wie *„Wolfsburg"* oder *„Wolfgang"* findet, setze die Suchwörter in Anführungsstriche: *„Wolf"* oder *„Wölfe"*.

Andere Wörter (Synonyme) verwenden:
Versuche es auch mit anderen Wörtern, wie zum Beispiel „Raubtier". Wenn du gut Englisch kannst, bringen dich englische Begriffe weiter.

Wörter verknüpfen:
Findest du nicht das Richtige, versuche es mit Verknüpfungen wie UND oder ODER: *Wolf UND Brandenburg.*

Was mache ich mit den Suchergebnissen?

Die Suchmaschine zeigt Toni die Funde in einer Liste mit Verweisen, den Links. Ein Link führt dich mit einem Klick zu der entsprechenden Webseite. Toni muss genau lesen:

Was ist ein überflüssiger Zufallsfund? "'Peter und der Wolf' ist eine super Geschichte."

Was ist Werbung? „Dieser Fleischwolf ist der beste!"

Und was bringt ihn bei der Suche tatsächlich weiter? Dazu überfliegt er den Text und stellt sich folgende Fragen:

- Geht es auf dieser Seite wirklich um mein Thema? Nutzlose Infos kosten Zeit.
- Wird mein Thema ausführlich oder nur oberflächlich behandelt?

Verwendet Toni eine Information in seinem Aufsatz, notiert er, woher er sie hat. Das wird Quelle genannt.

Wie werte ich Suchergebnisse aus?

Das Internet ist die wichtigste Quelle für Informationen. Nirgendwo sonst findest du so geballt Texte, Bilder, Videos und vieles mehr. Aber sind diese Infos hilfreich und wirklich wahr? Bleibe immer kritisch und frage dich:

- Hilft mir die gefundene Seite? Wird meine Frage dort wirklich beantwortet?
- Kann ich der Information glauben? Schreibt hier eine Tageszeitung über Süßigkeiten oder gehört die Seite einer Schokoladenfirma? Ein Blick ins Impressum zeigt, wer für die Seite verantwortlich ist.
- Von wem stammt die Information? Ist es der Aufsatz von einem Fachmann oder einer Fachfrau für Ernährung oder ist der Autor einfach nur Schokoladen-Fan?
- Prüfe das Datum. Vielleicht sind die Infos veraltet.
- Besteht der Fund aus Fakten (Tatsachen) oder doch eher aus Meinung oder Werbung?
- Sei nicht zu schnell und mit den ersten Informationen zufrieden!

Nicht vergessen:

Wahre Informationen finden geht auch anders

In Bibliotheken arbeiten Menschen, die sich sehr gut mit dem Suchen und Finden von Informationen auskennen. Im Gegensatz zur Suchmaschine sind sie persönlich ansprechbar und zuverlässig.

Das Internet: gute Seiten – schlechte Seiten

Das Internet ist für alle da, denn jeder Mensch auf der Welt kann und darf mitmachen. Egal ob jung oder alt – du brauchst nur einen Zugang zum Internet. Das ist toll! Leider gibt es aber auch sehr viele Nachteile.

Gut

Viele Dinge darfst du umsonst runterladen.

Mit dem Internet wird es nie langweilig. Du kannst rund um die Uhr Musik hören, Filme sehen, einkaufen, Informationen abrufen, Nachrichten hören, spielen, mit Freunden quatschen ...

Das Internet hat 24 Stunden am Tag geöffnet. Im Gegensatz zur Schule oder der Bibliothek.

Du kannst neue Freunde mit ähnlichen Interessen finden. Bei Onlinespielen zum Beispiel.

Ärmere Menschen erhalten Dank des Internets kostenlos Informationen und können sich so bilden.

Das Internet ist sehr schnell bei der Suche nach Informationen. Es bietet sehr viele kurze Häppchen.

Viele Menschen kommen über das Internet miteinander in Kontakt.

Nicht so gut

Viele Menschen bringen nun weniger Geduld bei der Infosuche in Büchern auf.

Wenn jemand anderer Meinung ist, schlägt das im Netz sehr schnell in Hass und Wut um (siehe Seite 33).

Nicht alle Menschen haben Zugang zum Internet. Gerade in Afrika leben viele Menschen ohne Strom, Computer und Internet.

Das Internet braucht viel Energie. Und fällt mal der Strom aus, kannst du es nicht nutzen.

Es gibt auch schlimme Menschen, die dich betrügen, mit dir über Sex sprechen oder sich zum Sex verabreden wollen.

Vielen Menschen fällt es schwer, ein Ende zu finden. Manche haben auch Angst, etwas zu verpassen. Das wird FOMO (Fear of Missing Out) genannt.

Die meisten Angebote im Netz sind kostenlos, aber manche Informationen findest du online nicht, oder die Artikel kosten Geld.

Wahr oder gelogen? Faktencheck

Informationen, die du im Internet findest, sind nicht immer wahr. Es wird geschwindelt, gemogelt und gelogen – wie im richtigen Leben auch. Doch über das Internet erreichen solche Unwahrheiten viele Menschen. So können Lügen im Netz aussehen:

- **Hoax** (sprich: Houx) ist ein Jux, der alle zum Narren halten will, z. B. Kettenbriefe.
- Versteckte **Werbung** tut so, als wäre sie echte Information.
- Durch **Computertricks** lassen sich Fotos verändern und sogar Videos fälschen.
- Gezielt erfundene **Falschnachrichten** nennt man Fake News (sprich: Fäik Njuhs).

Was Fake News mit uns machen

Es gibt Leute, die uns alle mit ausgedachten Nachrichten täuschen wollen. Sie streuen falsche Informationen (Fake News), die uns beeinflussen, wütend machen oder einfach nur Angst auslösen sollen. Das bringt das friedliche Miteinander der Menschen in große Gefahr. Denn: Wer eine Lüge oft genug hört, hält sie irgendwann für die Wahrheit.

Wie erkennen wir Fake News?

- Überprüfe, wer die Nachricht geschrieben hat. Ist es eine vertrauenswürdige Person? Zum Beispiel: Wenn Prof. Müller für einen Tabakkonzern arbeitet, ist es nicht glaubwürdig, wenn er schreibt, dass Rauchen gesund ist. Gib den Namen in eine Suchmaschine ein, um mehr über die Person herauszufinden.
- Checke mithilfe des Impressums, ob die Seite zu einer Partei oder einer bestimmten Firma gehört. Wenn ja, kann es sein, dass die Nachrichten eine bestimmte Meinung bilden sollen.
- Gib in einer Suchmaschine den Namen der Internetseite zusammen mit dem Begriff „Fake“ ein. Taucht die Nachricht auch in ernstzunehmenden Zeitungen oder Fernsehnachrichten auf, dann stimmt sie.
- Hat die Internetseite ein Impressum? Darin steht, wer der Inhaber der Seite ist, mit Namen, Adresse und Telefonnummer. Eine Seite ohne Impressum ist verdächtig.
- Findest du auffällig viele Schreibfehler? Ist der Text fair und neutral formuliert oder eher voreingenommen?

In Kontakt bleiben per E-Mail

Wenn Menschen sich treffen, erzählen sie sich Neuigkeiten aus ihrem Leben, lachen zusammen ... Manchmal hat aber einer keine Zeit, ein anderer lebt in einem anderen Land. Um in Kontakt zu bleiben, schrieben Menschen früher Briefe. Heute machen E-Mails die Kommunikation einfacher.

Woher bekomme ich eine E-Mail-Adresse?

Jeder, der elektronische Post verschicken und bekommen möchte, braucht eine E-Mail-Adresse. Sie ist oft kostenlos. Dafür brauchst du einen Anbieter. Für Kinder gibt es **www.mail4kidz.de** oder **www.grundschulpost.de**.

Was ist eine E-Mail? (sprich: Ihmejl)

Das englische Wort für Post ist mail. Das E steht für elektronisch, also das Versenden mithilfe des Computers, Tablets oder Smartphones. Wenn Luisa eine Mail an ihre Tante Elfie schickt, kommt die Nachricht über das Internet in Sekundenschnelle bei ihr an.

So sieht eine E-Mail-Adresse aus

toni.angelmann @ ratterknatter .de

1 2 3 4

1 Das ist der Name. Wegen der besseren Lesbarkeit ist es gut, Vornamen und Nachnamen durch einen Punkt zu trennen.

2 @ das ist Zeichen für at (sprich: ät), das deinen Namen dem Anbieter deiner E-Mail-Adresse zuordnet.

3 ratterknatter ist der (hier ausgedachte) Anbieter, wie zum Beispiel GMX oder Googlemail.

4 .de steht für Deutschland und ist die Länderabkürzung. Jedes Land hat so eine Abkürzung. Es gibt auch Endungen wie .org (für Organisation) oder .com (für das englische Wort commercial, das wird meist von Firmen genutzt).

So schreibst du eine E-Mail

1 Von: Absender (Luisa.Mettermann@ratterknatter.de)

2 An: Empfänger (Elfie.Müller-Schienbein@dummibaum.de)

3 Senden: Ist die E-Mail geschrieben, verschickst du sie mit einem Klick auf dieses Feld.

4 CC steht für Carbon Copy, also „Kopie“. Der Hauptadressat sieht alle anderen Adressaten, die du hier einträgst.

5 Bei BCC (Blind Carbon Copy), also „Blindkopie“ sieht der Adressat nicht, wer diese E-Mail noch erhalten hat. Ist aber irgendwie gemein, wenn du oder der andere davon nichts wissen.

6 Im Betreff steht der Grund der E-Mail, der Anlass.

7 Du willst ein Bild oder eine andere Datei mitschicken? Hänge sie an, indem du auf die Büroklammer klickst. Der Anhang heißt „attachment“ (sprich: ättätschment).

8 Die Signatur kann dein Name, deine Adresse oder ein flotter Spruch sein. Du kannst sie so einrichten, dass sie immer am Ende deiner E-Mail erscheint.

9 In das Textfeld schreibst du den Text.

10 Mülleimer: Hiermit löschst du eine E-Mail. Du kannst sie aber im Mülleimer noch wiederfinden.

Darauf solltest du in einer E-Mail achten!

- Freundliche Anrede
- Höflich bleiben: Witze besser vermeiden, weil sie missverständlich sein können.
- Nicht lästern!
- Vor dem Versenden den Text noch einmal durchlesen, um Fehler zu vermeiden.
- Eine Verabschiedung

Mit Messengern in Kontakt bleiben

Was sind Messenger (sprich: Mässändscher)?

Messenger heißt auf Deutsch „Bote“. Nachrichten schreiben geht damit direkter als per E-Mail, weil sich jede Nachricht sofort mit Signalton oder Brummen auf dem Smartphone meldet. Mit speziellen Apps für Smartphone oder Tablet kannst du telefonieren, videotelefonieren oder Sprachnachrichten, Fotos und Videos versenden.

Welche Messenger gibt es?

Toni liebt **WhatsApp** (sprich: Wozzepp). WhatsApp ist zwar erst ab 16 Jahren erlaubt, aber Tonis Eltern haben zugestimmt, weil alle in der Familie WhatsApp nutzen. Außerdem läuft auch der Klassenchat darüber. Allerdings nervt es Toni, wenn andere ständig Quatsch schicken.

Samira nutzt gern die Apps **Telegram, Signal** (sprich: Sicknell) oder **Threema** (sprich: Srimah), die Nachrichten sicher verschlüsseln. Sie findet WhatsApp schlecht, weil das Unternehmen die Nutzerdaten nicht gut schützt. Trotzdem verwendet sie WhatsApp, weil die meisten Leute das auch machen.

Luisa findet **Snapchat** lustig. Darin teilt sie durch Momentaufnahmen (Snaps) ihren Freunden mit, wie sie sich gerade fühlt. Die Fotos kann sie bearbeiten. Mit Filtern (Lenses) nimmt sie viele verrückte Fotos und Videos von sich auf. Nach dem Anschauen verschwinden die Bilder auf den Geräten wieder.

Manchmal bekomme ich Kettenbriefe, die per Messenger verschickt werden. Sie verlangen, dass ich die Nachricht an mehrere Personen weiterschicke, sonst würde mir ein Unglück zustoßen. Doch das ist alles nur gelogen, deshalb lösche ich solche Nachrichten sofort.

Eigentlich kann dir per Messenger nur schreiben, wer deine Handynummer kennt. Gib deine Nummer deshalb niemals leichtfertig heraus. Sonst kommen schnell Fremde mit dir in Kontakt, die vielleicht nichts Gutes im Sinn haben.

Lass uns reden: im Chat (sprich: Tschät)

Toni unterhält sich gern im Chat (sprich: Tschät), deutsch für „Schwatz“. Hier denkt er in Ruhe nach, bevor er seine Antwort tippt. Chatten kann er mit WhatsApp und anderen Messengern. Es gibt aber auch Chat-Seiten im Internet, die meisten sind nicht für Kinder geeignet. Anders als bei Messengern kommen bei Internet-Chats fremde Menschen miteinander in Kontakt.

> Wenn du im Netz oder in einem Spiel online mit Fremden chattest, weißt du nie, ob der andere tatsächlich die Person ist, für die er sich ausgibt. Sei vorsichtig, mit wem du dich unterhältst. Wenn dir jemand komisch vorkommt, ruf deine Eltern.

Warum gibt es manchmal Probleme in Chats und mit E-Mails?

Das englische Wort emotion (sprich: imoschän) steht für Gefühl. Wenn du eine Nachricht schreibst, sieht niemand dein Gesicht. Da wird ein schriftlicher Scherz schnell mal falsch verstanden. Ein Hilfsmittel, um deine Gefühle auszudrücken, sind Smileys (sprich: Smeilis). Aus Satzzeichen entstehen gut oder schlecht gelaunte Gesichter.

:-) = Ich lache
:-)) = Ich lache sehr
;-) = Ich lache und zwinkere dir dabei zu, ist nur spaßig gemeint
:-(= Ich bin traurig

Auf Smartphones und Tablets gibt es eine Menge kleiner Bilder, die Gefühle ausdrücken. Sie heißen Emojis (sprich: Imotschis) und du kannst sie in Nachrichten einfügen.

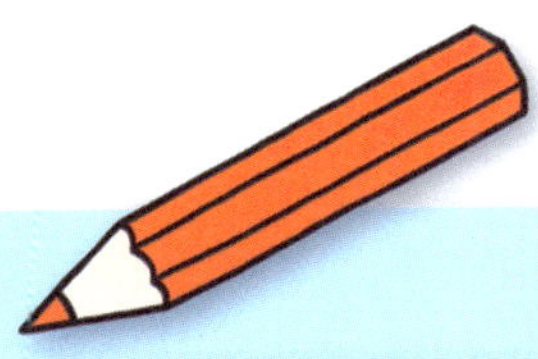

Mitmachen

Verbinde die Emojis mit ihrer Bedeutung!

Liebe

Ätschibätschi!

Huch! oder Schreck!

Cool

Super

I love it!

Das finde ich zum Kotzen.

So ein Mist.

Lösung: 😎: Cool, 😮: Huch!, 😜: Ätschibätschi!, 😍: I love it!, 🤮: zum Kotzen, 👍: Super, ❤️: Liebe, 💩: Mist

Fakten über soziale Netzwerke

Ein Interview mit Professor Nörd

Was sind soziale Netzwerke?

Soziale Netzwerke sind Gemeinschaften. Wir alle leben in sozialen Gemeinschaften wie der Familie, dem Freundeskreis, dem Klassenverband, dem Sportverein, vielleicht der Kinderfeuerwehr und vielen mehr.

Und was machen Menschen in Netzwerken?

Sie unterhalten sich, besprechen etwas, helfen einander, machen Witze, und manchmal lästern sie über andere. Im Leben und im Netz.

Welche sozialen Netzwerke im Internet gibt es?

Die bekanntesten sozialen Netzwerke heißen Facebook (sprich: Fehsbuck) und Instagram (sprich: Instagräm). Weil sich viele Funktionen immer mehr vermischen, gehören auch WhatsApp und Snapchat dazu. Manche zählen auch YouTube (siehe Seite 30) dazu.

Was ist der Vorteil von sozialen Netzwerken im Internet?

Hier kann sich jeder unabhängig von Ort und Zeit in Wort, Bild und Videos mitteilen. Das wird posten (sprich: pohsten) genannt. Andere reagieren darauf, indem sie kommentieren oder deine Sachen mögen (liken, sprich: leiken).

Bei Facebook gibt es dafür „Gefällt mir“.

Bei Instagram tippst du auf das Herz.

So hältst du Kontakt und kannst viele Leute erreichen, um auf etwas aufmerksam zu machen, zum Beispiel auf eine Spendenaktion oder auf einen Konzerttermin. Das macht Spaß!

Und was macht keinen Spaß?

Wenn niemand deine Posts beachtet, bekommst du schlechte Gefühle. Und: Soziale Netzwerke sind kostenlos, aber du bezahlst dafür mit Informationen über dich. Alles, was du über dich preisgibst, sichten die Betreiber der sozialen Netzwerke und werten es aus. Du bekommst dann auf deine Interessen abgestimmte Werbung, die dich zum Kaufen verführen soll. Facebook etwa verkauft deine Daten an andere Firmen. Das ist gemein, weil dann nichts privat bleibt. Sei also vorsichtig mit dem, was du postest und teilst! Es können mehr Leute mitlesen, als dir lieb ist.

Twitter ist ein Nachrichtendienst, in dem jeder seine Meinung schreiben kann. Die Nachricht wird „Tweet“ (sprich: Twiet) genannt. Andere dürfen auf den Tweet antworten oder ihn weiterleiten.

Werbung, Werbung, Werbung ...

Was sind Influencer (sprich: Influenzer)?

(To) influence ist englisch und bedeutet beeinflussen. Wenn Influencer auf YouTube oder Instagram über Produkte sprechen, beeinflussen sie damit ihre Follower (sprich: Folloa). Obwohl es inzwischen eine Kennzeichnungspflicht gibt, sagen manche aber trotzdem nicht, dass das Produkt ein Geschenk war oder sie sogar Geld dafür bekommen haben, es bekannter zu machen. Viele Fans denken darum, dass ihre Stars diese Dinge tatsächlich gut finden.
Luisa ist ein Riesenfan von Banana Tausendschön. Endlich darf sie mit ihrem Star sprechen.

Luisa: Banana, mit acht Millionen Abonnenten bist du ein echter Instagram-Star.

Banana: Bei meinem Aussehen kein Wunder. Ich verwende Fürimmerjung-Creme von der Firma Brommel. Außerdem werfe ich mich immer in Schale. Die hier ist gerade von Estefan Lorbér. Schick, oder?

Luisa: Als Influencerin hast du sicher großen Einfluss darauf, was deine Fans kaufen, oder? Du machst damit Werbung.

Banana: Es gibt doch überall Werbung. Nur weil ich gerne Popcornmüsli von Frollo frühstücke, die Lippenstifte von Lutschi liebe und Stunden mit meinem Mandyhandy 8 verbringe, ist das doch nicht gleich Werbung.

Luisa: Ja, aber bei dir denken doch alle, dass es eine Empfehlung ist. Außerdem zahlen die Firmen dir doch extra Geld dafür, oder etwa nicht?

Banana: Ich empfehle nur Sachen, die ich mag. Eine Ausnahme habe ich nur beim Tierfutter Wunderwuff gemacht, weil ich keinen Hund habe.

Luisa: Bekommen alle Influencer Geld?

Banana: Nur die berühmten, alle andere bekommen bloß die Sachen geschenkt.
Die Hersteller überlegen sich: Sollen sie viel Geld für Werbespots, Plakate und Anzeigen ausgeben oder lieber 40 Influencern das Produkt schenken? Ist billiger.

Luisa: Aber dann werden die doch ausgenutzt.

Banana: Stimmt. Ich muss los, meine Fans erwarten von mir ein neues Video. Heute spreche ich übrigens über den Weltfrieden und was das Dufti-Deo dafür tun kann. Küsschen!

Gaming – Zocken, aber nicht abgezockt werden

Toni findet es toll, dass er mit seinem Smartphone auch spielen kann. Fortnite, Minecraft und Pokémon Go sind seine Lieblingsspiele. Weil es auch viele kostenlose Games (sprich: Gäims) gibt, fragt er seine Eltern nur noch selten, wenn er sich eins runterladen will. So kommt er zwar an tolle Spiele – aber viele davon zeigen ständig Werbung oder kosten dann doch Geld.

LetsPlayer sind Menschen, die im Internet Games für Zuschauer spielen und kommentieren.

Spielen macht Spaß, aber es gibt auch fiese Tricks

Kostenlos ist teuer

Free-to-play (sprich: fritupläi) bedeutet „kostenlos spielen“. Von wegen!
Du bekommst im Spiel Werkzeug und Diamanten geschenkt, nur damit du das Bezahlsystem des Spiels kennenlernst und dann mit echtem Geld nachkaufst (siehe InApp-Käufe).

Achtung, InApp-Käufe

In vielen Apps kannst du zusätzliche Dinge kaufen, um die Spiele besser und interessanter zu machen. Weil du sie direkt in der App kaufst, heißt das InApp-Käufe. Meist kosten sie einen Euro oder mehr. Besprich mit deinen Eltern, ob und wieviel Geld du für Zusatzkäufe ausgeben darfst. Eine Grenze für diese Käufe ist wichtig, sonst kaufst du zu viel.

Spiele machen Druck

Spiele senden häufig Nachrichten: „Komm zurück! Deine Krieger warten auf dich!“
So wächst der Druck, weiterzuspielen. Schalte in den Einstellungen die Benachrichtigungen ab, dann bist du weniger gestresst und genervt.

Vorsicht, Werbung!

Bei vielen kostenlosen Spielen darfst du erst weiterspielen, wenn du dir Werbung angesehen hast. Vorsicht! Es kann passieren, dass du irgendwo drauftippst und ohne dein Wissen ein Abo abschließt. Fies!

Kein Ende in Sicht

Viele Spiele haben kein Ende, du kannst immer weiterspielen. Damit du nicht die Zeit und andere wichtige Dinge vergisst: Setze dir ein Zeitlimit und stelle dir einen Wecker.

Zu viel Geld aus Versehen ausgegeben – und jetzt?

Wenn du im Spiel „Baller-Knaller-5000“ schneller vorankommen willst, kaufst du mit echtem Geld mehr Waffen und Edelsteine. Bei mir gingen so mal 600 Euro drauf! Aus Versehen. Meine Eltern fanden es bei der Abrechnung heraus. Geholfen hat uns dann die Verbraucherzentrale. Durch ihre Beratung mussten wir nur noch 60 Euro zahlen.

Spiel, Spaß und Meisterschaften

Was ist eine LAN-Party?

Bei einer LAN-Party treffen sich Freunde und vernetzen ihre Computer, um mit- oder gegeneinander zu spielen. Das macht Spaß und kann ein ganzes Wochenende dauern.

Was ist E-Sport?

Beim E-Sport treten einzelne Spieler oder ganze Teams mit Computern oder Konsolen gegeneinander an, um wie bei echten sportlichen Ereignissen die Besten zu küren. Das Preisgeld für den Sieger kann über eine Million Dollar hoch sein.

Mitmachen

Welche Erfahrungen hast du schon beim Zocken gemacht? Kreuze an!

- ○ Ich habe die Zeit vergessen.
- ○ Ich finde oft kein Ende.
- ○ Mich interessieren Spiele gar nicht.
- ○ Ich stelle mir immer einen Wecker, damit ich weiß, wann die Zeit rum ist.
- ○ Ich zocke, was meine Freunde zocken.
- ○ Ich habe schon mal bei angeblich kostenlosen Spielen Geld ausgegeben.
- ○ Ich habe Ärger mit meinen Eltern bekommen.
- ○ Ich habe schon mal aus Versehen zu viel Geld ausgegeben.

Lass uns über Geld reden

Das Smartphone ist der neue Geldbeutel. Niemand muss Bargeld dabei haben, man kann mit dem Handy zahlen. Entweder mit einer App oder der drahtlosen Funktechnik NFC. Einfach das Gerät an den Kartenleser halten – und schon ist gezahlt. Manche Firmen bieten eigene Bezahlsysteme an, Google Pay und Apple Pay zum Beispiel. Dafür muss der Käufer seine Kreditkartendaten bei den Unternehmen hinterlegen.

Mitmachen

Kreuze an, was deine Eltern schon mal alles mit dem Smartphone bezahlt haben.

- ○ Apps und InApp-Käufe
- ○ Reisen mit Bahn, Bus und Flugzeug
- ○ Einkäufe an der Kasse im Geschäft
- ○ Filme und Musik
- ○ spezielle Zeitungsartikel online
- ○ Leihautos oder Leihfahrräder

Was passiert, wenn nur noch im Internet gekauft wird?

Wenn du im Internet etwas bestellst, wird es an die Haustür geliefert. Aber wenn das immer alle machen, gibt es vielleicht bald keine Geschäfte mehr in deiner Stadt. Viele Menschen würden ihren Job und Jugendliche die Ausbildungsplätze verlieren.

Ich habe keine Kreditkarte. Wie kann ich im Internet bezahlen?

Mit Gutscheinkarten. Sie wurden entwickelt, damit Menschen, die keine Kreditkarte haben, im Internet einkaufen können, auch Schüler. Die Gutscheinkarten gibt es in vielen Geschäften. Mit Hilfe eines Codes kannst du sie auf deinem Gerät einlösen.

Mit dem Smartphone und ohne Bargeld zu bezahlen ist super bequem, aber ...

- beim echten Geldbeutel behältst du das Geld besser im Blick.
- viele Menschen geben mit dem Handy Geld leichtfertiger aus.
- Firmen und Unternehmen beobachten und speichern, was du einkaufst, und erfahren so private Dinge, die sie nichts angehen.

Wahr:

In den USA hat ein 15-jähriges Mädchen Werbung zu Babynahrung, Windeln und Kinderwagen bekommen. Der Vater beschwerte sich. Die Firma meinte, die Einkäufe der Tochter hätten darauf schließen lassen, dass sie schwanger sei. Und das stimmte! Firmen wissen also viel mehr über uns, als du dir vorstellen kannst.

Was ist Big Data?

Es gibt Firmen, die alle Daten sammeln, die wir im Internet hinterlassen, also z. B., was wir mit dem PC oder Smartphone schreiben, posten, im Internet suchen, ansehen oder eben auch kaufen. Roboterprogramme werten die Daten aus, um etwa herauszufinden, welche Klamotten du wahrscheinlich mal kaufen oder welche Partei du wählen wirst. Gegen Big Data kann sich niemand wehren. Das Beste ist, vorsichtig mit deinen Informationen und Fotos im Netz zu sein.

Das bin ich: Fotos, Selfies und Videos

Weil du das Handy immer dabeihast, kannst du jederzeit ein Foto machen, es mit der Foto-App bearbeiten und an andere versenden. Der Foto-Ordner ist dein griffbereites Fotoalbum.

Zeige deine Fotos und Filme

Luisa liebt es, zu fotografieren. Mit ihren Fotos zeigt sie, wie sie die Welt sieht. Jeden Tag schießt sie ein lustiges Bild von ihrem Hund Wolfi und postet es auf Instagram. Familie, Freunde und fremde Hundefans liken ihre Bilder und schreiben nette Kommentare.

Mitmachen

Soooooo viele Fotos und Videos – und jetzt?

Luisa macht zu viele Aufnahmen. Deshalb ist der Speicher ihres Smartphones ständig voll. Wohin mit den Fotos und Videos? Verbinde die Bilder mit den passenden Texten.

1. Aufräumen muss sein!

Lege verschiedene Foto-Ordner für Orte oder Ereignisse an und sortiere die Bilder und Videos dort hinein. So findest du sie schneller wieder.

A

B

C

2. Löschen? Unbedingt!

Löschen ist nicht einfach. Aber viele Aufnahmen sind doppelt und dreifach. Weg damit!

3. Fotos ziehen um

Kopiere Fotos und Videos von deinem Smartphone über den PC auf eine externe Festplatte oder nutze die Cloud. So wird wieder Speicherplatz frei.

Lösung: 1. A, 2. C, 3. B

Was ist TikTok?

TikTok ist ein Videoportal, das früher Musical.ly hieß. Kinder aus der ganzen Welt bewegen ihre Lippen zu aktuellen Songs, tanzen dazu und filmen sich dabei. Nur, wer diese Clips mit großem Einfallsreichtum umsetzt, bekommt viele Follower, so wie Lisa und Lena. Allerdings hat TikTok auch einen schlechten Ruf, unter anderem weil viele junge Mädchen glauben, sich besonders sexy oder kaum bekleidet zeigen zu müssen.

Warum will heute jeder YouTube-Star werden?

Weil es theoretisch jeder werden kann! Alle berühmten YouTube-Stars haben einfach angefangen, Videos zu drehen, sie hochzuladen, und hatten dann plötzlich Fans. Die Geschichte der YouTube-Stars ist deshalb so faszinierend, weil Justin Bieber, die Lochis und Bianca Heinicke („Bibis Beauty Palace“) ihren Fans zeigen, dass es jeder schaffen kann.

Mitmachen

Wenn du ein YouTube-Star wärst, was würdest du senden? Trage hier deine Ideen ein und male dich in die Monitore.

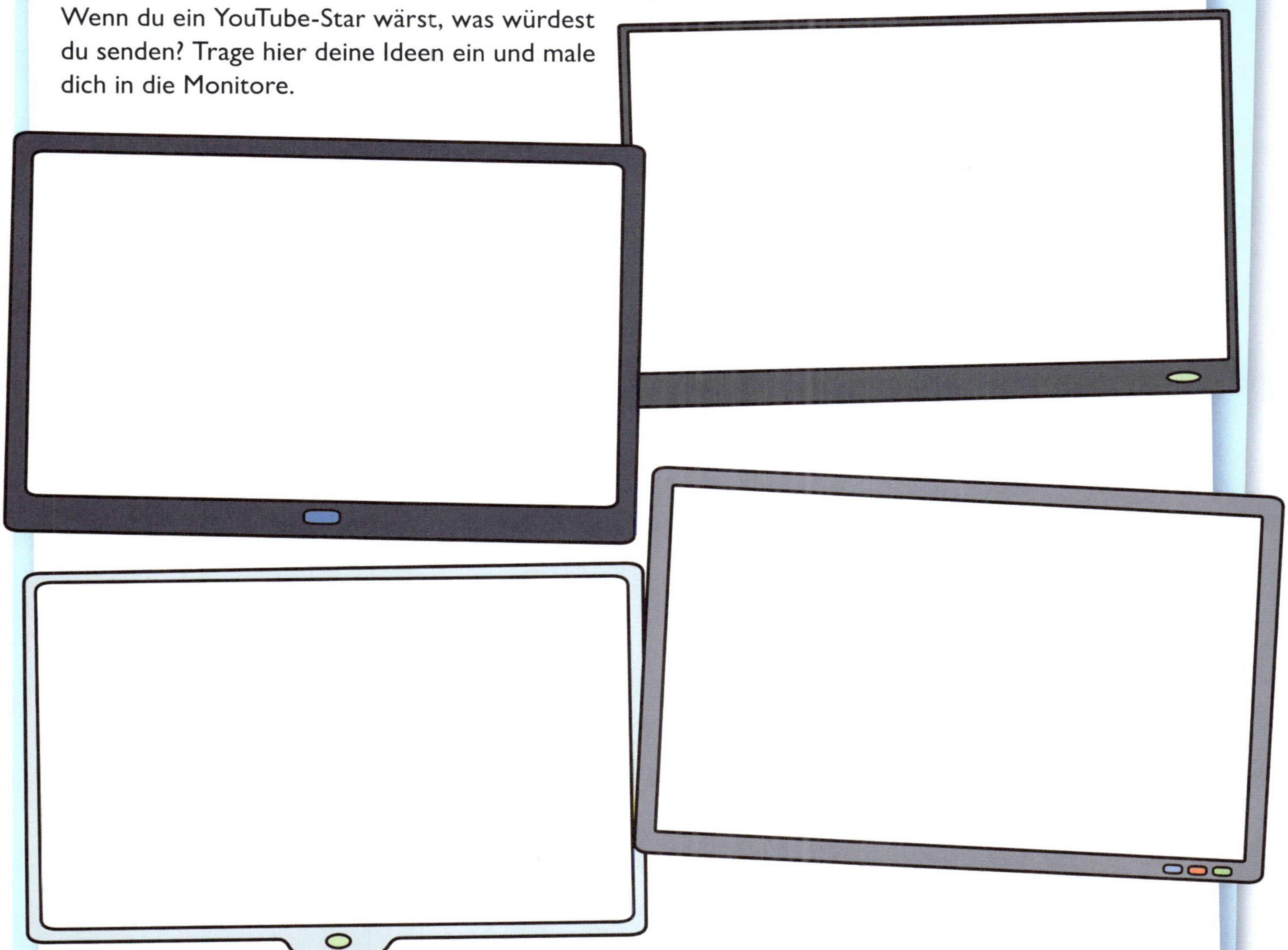

Recht und Unrecht

Mit Gesetzen regelt ein Staat das friedliche Zusammenleben seiner Bürger. Für die Nutzung des Internets gibt es ebenfalls Regeln. Welche Rechte gibt es? Was ist erlaubt und was nicht?

Kennst du diese Rechte?

1. Das Urheberrecht

Ein Urheber ist jemand, der ein Werk erstellt. Das kann ein Roman, ein Foto, Musik oder ein Computerspiel sein.

Was bedeutet das für dich?

Lade keine Filme, Musik, Texte oder Spiele ohne zu bezahlen aus dem Netz. Kein Filesharing (sprich: Feil-Schäring). Das bedeutet, einen Film herunterzuladen und ihn gleichzeitig für andere als Download anzubieten.

Mit Erfolg?

Leider wird im Netz ständig geklaut.

2. Das Persönlichkeitsrecht

Das bedeutet, dass andere Menschen deine Privatsphäre respektieren müssen (und du natürlich die anderer Leute). Wenn du also für dich alleine oder unbeobachtet sein möchtest, dürfen andere das nicht ignorieren. Auch darf niemand deine Ehre verletzen, etwa indem er Lügen über dich verbreitet.

Mit Erfolg?

Leider nein. Es wird ständig dummes Zeug behauptet.

3. Das Recht am eigenen Bild

Niemand darf Fotos oder Videos von dir ohne dein Wissen und dein Einverständnis machen. Dennoch kommt das häufig vor. Wenn du es bemerkst, etwa weil das Bild online erscheint, kannst verlangen, dass es gelöscht wird.

Mit Erfolg?

Leider nein. Es passiert täglich. Und oft bekommst man es gar nicht mit.

4. Die Datenschutz-grundverordnung (DSGVO)

Die Europäische Union (EU) ist ein Zusammenschluss vieler europäischer Länder. Um unser Leben besser zu machen, soll der Datenschutz in den EU-Ländern einheitlich geregelt sein. Die persönlichen Daten der Menschen sollen geschützt werden. Das sind Namen, Adressen, Telefonnummern und all die Dinge, die du über dich im Netz preisgibst.

Und wie?

Bevor andere deine Daten nutzen, musst du erst zustimmen. Deine Einwilligung darfst du jederzeit rückgängig machen. Auch hast du das Recht, zu erfahren, welche deiner Daten gespeichert wurden. Es gibt auch das Recht auf Löschung der gesammelten Daten.

Mit Erfolg?

Leider ist das aber alles nicht so einfach. Und die Verordnung selbst ist kompliziert.

Das sagt die Polizei

Annika Jacobs, Anika Aschendorf und Christian Heincke arbeiten für das Landeskriminalamt Mecklenburg-Vorpommern. Sie haben das Projekt „Helden statt Trolle“ (www.helden-statt-trolle.de) ins Leben gerufen. Wir haben uns mit ihnen unterhalten.

Warum kümmert sich die Polizei um die Themen Hate Speech und Fake News?

Hate Speech und Fake News sind eine neue Art von Bedrohung im Internet und auch in der „echten“ Welt, zum Beispiel in der Schule. Viele dieser Äußerungen sind tatsächlich strafbar. Die Polizei möchte deshalb schon frühzeitig darauf reagieren und arbeitet eng mit Schulen zusammen, um junge Leute und Lehrer über die Themen zu informieren.

Welche Straftaten können dabei konkret begangen werden?

Wenn man solche „Hassreden“ verbreitet, kann man sich strafbar machen: Wenn man gegen eine bestimmte Gruppe Menschen zu Hass oder Gewalt aufruft oder diese Leute beschimpft oder verächtlich macht, nennt man das Volksverhetzung **(Strafgesetzbuch §130)**.
Wenn eine Person abgewertet und beleidigt wird, ist das Beleidigung **(Strafgesetzbuch §185)**.
Wenn über andere Menschen Lügen oder falsche Behauptungen verbreitet werden, ist das üble Nachrede **(Strafgesetzbuch §186)**.

Wie sehen die Strafen bei Erwachsenen aus?

Je nach Straftatbestand und Schwere der Tat können Erwachsene zu Geldstrafen oder einer Gefängnisstrafe verurteilt werden. Je öfter man eine Tat begeht, umso härter fällt dabei die Strafe aus. Manche müssen statt einer Strafe gemeinnützige Arbeit, z. B. in Krankenhäusern, bei der Pflege von alten Menschen oder in Sportvereinen, verrichten.

Wie sehen die Strafen bei Kindern und Jugendlichen aus?

Erst wenn man 14 Jahre oder älter ist, kann man für seine Taten vor Gericht gestellt werden. So lange man aber jünger als 18 ist, gilt das Jugendstrafrecht. Das sieht bei jungen Leuten mildere Strafen als bei Erwachsenen vor. So soll jungen Menschen beigebracht werden, wie man sich richtig verhält. Deshalb erteilt das Gericht Jugendlichen öfter besondere Auflagen, zum Beispiel zur Ableistung gemeinnütziger Arbeit (Sozialstunden). Gefängnisstrafen bekommen Jugendliche meistens erst, wenn sie immer wieder oder besonders schwere Straftaten begehen.

Was können wir im Vorfeld konkret tun, um schlimme Folgen zu verhindern?

Informiert euch über die Gefahren im Internet auf der Webseite Helden-statt-trolle.de. Schützt euch und andere vor diesen neuen Bedrohungen und holt euch dafür Hilfe von euren Eltern, Lehrerinnen und Lehrern oder der Schulsozialarbeit.

Das große SCHUTZIKON

Smartphones, Computer und das Internet sind praktisch, machen Spaß und sind nicht mehr wegzudenken aus unserem Alltag. Aber sie haben auch ihre Schattenseiten. Alles, was du zu deinem Schutz wissen musst, findest du hier.

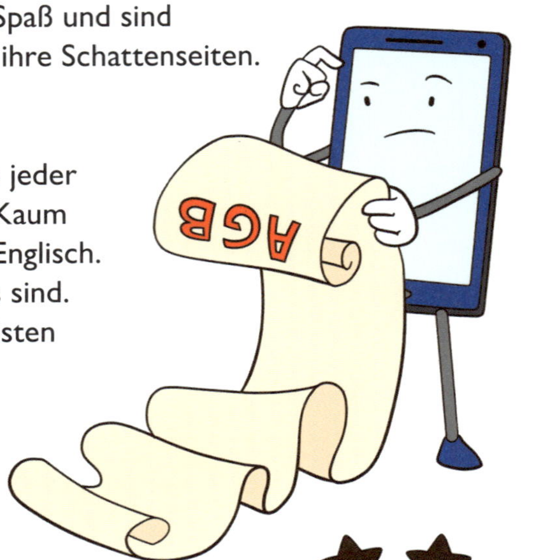

- **AGB:** Das sind die „Allgemeinen Geschäftsbedingungen“, die jeder Anbieter z. B. von Programmen, Apps oder Webseiten hat. Kaum jemand liest sie, denn sie sind lang und kompliziert oder auf Englisch. Manchmal stehen Sachen drin, die zum Nachteil des Nutzers sind. Ohne Einverständnis keine Nutzung, darum stimmen die meisten Menschen schnell und unüberlegt zu.

- **Aufkleber:** Klebe die Kamera deines Computers zu. Es ist möglich, dass dich Fremde darüber ausspionieren. Tipp: Beim Smartphone reicht eine Hülle, etwa eine Socke.

- **Ausloggen:** Bist du an fremden Rechnern (Freunde, Bibliothek), um z. B. deine E-Mails zu checken, dann vergiss nicht, dich wieder abzumelden. Andere haben sonst Zugriff auf deine Daten.

- **Bewertungen:** Wenn dir im Netz etwas gefällt oder nicht gefällt und du das durch Likes, Emojis oder Kommentare mitteilst, ist das eine Bewertung. Das fällt leicht, wenn du derjenige bist, der diese Wertung abgibt. Es ist aber etwas anderes, wenn du die Person bist, die bewertet wird. Gar nicht schön, wenn jemand was Blödes oder Beleidigendes schreibt. Sei also mit Bewertungen sehr achtsam.

- **Big Data:** So nennt man das Datensammeln über all deine Aktivitäten im Netz. Fremde, z. B. Unternehmen, versuchen dadurch, mit Hilfe von Computerprogrammen dein Verhalten vorherzusehen.

- **Bots:** Bots ist die Abkürzung für Roboter. Social Bots wird die von Menschen programmierte Software genannt, die in sozialen Netzwerken so tut, als wäre sie ein Mensch, und Falschnachrichten verbreitet. Bleibe bei Nachrichten immer kritisch.

- **Chatbots (sprich: Tschetbotts):** Roboterprogramme, die Nutzer auf Bankseiten oder Onlineshops beraten wollen. Auf einer Webseite melden sie sich manchmal mit dem Foto eines echten Menschen und fragen dich, ob sie dir helfen können. Statt mit einem echten Menschen sprichst du dann mit einem Programm, ohne es zu wissen.

- **Code (sprich: Kohd):** Der Code ist häufig eine Zahlenkombination zum Entsperren eines Smartphones oder Tablets. Er besteht meist aus vier Zahlen, also ähnlich wie beim Zahlenschloss eines Fahrrads. Er schützt davor, dass andere dein Smartphone oder Tablet benutzen.

Cookies (sprich: Kukis): Cookie ist das englische Wort für Keks. Futterst du einen Keks, hinterlässt du Krümel. Krümel verlierst du auch, während du dich im Internet bewegst. Diese Datenkrümel speichern, was du bei der letzten Nutzung auf einer bestimmten Webseite gemacht hast. Das ist praktisch, damit du manchmal nicht alles von vorn eingeben musst. Manche Cookies wollen aber zu viel über dich wissen. Du kannst Cookies auf vielen Browsern im Menü unter „Einstellungen“ sperren.

Cybergrooming (sprich: Sseibergruhming): Wenn jemand im Netz dein Vertrauen gewinnen will, um mit dir über Sex zu reden oder sich mit dir zum Sex zu verabreden. Darum musst du dich unbedingt vor Fremden in Acht nehmen. Denn sie könnten lügen, geben sich vielleicht als Gleichaltrige aus, erschleichen sich dein Vertrauen und nutzen deine Gutgläubigkeit aus. Sobald dir jemand merkwürdig vorkommt, hole einen Erwachsenen.

Cybermobbing (sprich: Sseibermobbing): Mobbing ist der Ausdruck für „jemanden quälen“. Im echten Leben kennen die Opfer meistens ihre Peiniger. Im Internet wissen es die Opfer aber oft nicht, weil der Täter anonym, also unerkannt, bleibt. Über soziale Netzwerke verbreiten sich die bösartigen Angriffe dann mehr und mehr. Wichtig: Wer Zeuge von Cybermobbing ist, aber nichts unternimmt, ist praktisch Mittäter.

Datenschutz: Am besten schützt du deine Daten, also Angaben zu deiner Person, indem du wenig preisgibst. Sei also sparsam mit Informationen über dich im Internet. Gib deinen echten Namen, deine Adresse oder Telefonnummer nicht an.

Drittanbietersperre: Sie schützt dich davor, dass Firmen Geld von deinem Guthaben auf dem Smartphone abbuchen können. Die Sperre gibt es kostenlos bei jedem Mobilfunk-Betreiber, sie muss aber von deinen Eltern eingerichtet werden.

E-Mail-Adresse: Richte dir zwei Adressen ein. Eine mit deinem echten Namen für Schule und Verwandte. Eine mit Fantasienamen für Spiele und andere Seiten im Netz, die deine Mailadresse wollen. Bekommst du dann dort zu viel unerwünschte und nervige Werbung (Spam, sprich: Spähm), benutzt du sie nicht mehr und holst dir eine neue Adresse.

Ewigkeit: Das Internet vergisst nichts. Was immer du an Texten und Bildern im Netz hochlädst, bleibt für immer und ewig auffindbar. Postest du z. B. ein Quatschselfie mit Klopapier um deinen Kopf, kann das dein zukünftiger Arbeitgeber in einigen Jahren noch finden, wenn er im Netz deinen Namen eingibt.

Fake News: Falschnachrichten, die Angst und Wut verbreiten. Glaube nicht alles, was du im Netz liest.

Firewall (sprich: Feierwoal): Das ist ein Schutzprogramm für deinen Computer, damit keine Fremden auf deinen Rechner zugreifen. Diese Software findest du unter den „Einstellungen“.

Fremde: siehe Cybergrooming

Fotos: Versende keine Fotos an Fremde. Versende keine Bilder mit wenig Kleidung und keine Nacktbilder.

Hacker (sprich: Häcker): Einbrecher, die sich über das Internet heimlich Zugang zu fremden Computern oder Smartphones verschaffen.

Handynummer: Gib nirgends im Internet die Nummer deines Smartphones an. Meistens folgt darauf nichts Gutes. Etwa, dass jemand Geld von deinem Guthaben nimmt.

Hatespeech: Deutsch für Hassrede, also Beschimpfungen, Beleidigungen und Drohungen. Hatespeech ist strafbar.

Kettenbriefe: Nicht beachten und sofort löschen. Sie wollen nur Angst machen.

Keylogger (sprich: Kielogga): Ist ein Malware-Programm. Fremde sehen, was du eintippst. Passwörter und Codes zum Beispiel.

Malware (sprich: Mellwehr): Ist eine Schadsoftware, also ein Virus, der deinen Computer oder deine Daten zerstört.

Misstrauen: Sei immer vorsichtig, wenn du im Internet bist. Das gilt für soziale Netzwerke, für Informationen, die du recherchierst (Achtung: Fake News) und auch für Unterhaltungen (Chats). Du weißt nie, wer der andere ist und ob er die Wahrheit sagt. Egal, was er erzählt. Egal, welche Bilder er schickt. Bleib also immer misstrauisch.

Passwort: Ein Passwort ist immer geheim. Es ist wie ein Hausschlüssel, den man nicht jedem geben sollte und den man auch verlieren kann. Ein gutes Passwort besteht aus mindestens 10 Zeichen: Groß- und Kleinbuchstaben, Zahlen und Symbolen. Du kannst dir ein sicheres Passwort mit dem Passwortschlüsselautomaten erstellen: www.surfen-ohne-risiko.net

Passwortklau: Immer wieder knacken Hacker Internet-Passwörter. Dann kann ein Fremder auf deine Bilder, Chat-Verläufe und andere Daten zugreifen. Wenn du wissen willst, ob deine E-Mail-Adresse schon geknackt wurde, kannst du das beim Hasso-Plattner-Institut in Potsdam prüfen: https://sec.hpi.uni-potsdam.de/ilc/search

Privatsphäre: Internet und Privatsphäre schließen sich aus. Geschützte Orte, an denen du unbeobachtet bist, gibt es nur zu Hause.

Schlüsselwort: Begriff, der einen Sprachassistenten aktiviert. Die Hersteller von Sprachassistenten sagen, dass diese Geräte nicht immer mithören, sondern nur auf das Schlüsselwort reagieren, um aktiv zu werden. Aber müssen sie nicht die ganze Zeit zuhören, um das Schlüsselwort zu erkennen?

Schutzhülle: Folie und Schutzhülle schützen dein Smartphone, wenn es herunterfällt.

Screenshot: Bildschirmfoto. Sobald du im Netz auf etwas Blödes stößt oder dir etwas Fieses passiert, mache einen Screenshot als Beweis für die Polizei.

Sicherheitseinstellungen: Alles, was deinem Schutz dient. Das Virenschutzprogramm auf deinem Computer und die Firewall müssen immer aktiv und aktuell sein, um helfen zu können. Überprüfe mit deinen Eltern regelmäßig die Privatsphäre-Einstellungen in sozialen Netzwerken an euren Geräten. Die Apps auf deinem Smartphone müssen z. B. nicht immer deinen Standort kennen.

Spam (sprich: Spähm): Unerwünschte Werbung, die z. B. per E-Mail verschickt wird. Du kannst einen Filter am Computer einstellen, der Spam aussortieren soll. Klappt aber nur halbwegs gut.

Sprachassistenten: Programme, denen du mündlich Fragen stellst oder Befehle erteilst und die dann mit menschlicher Stimme antworten. Wichtig: Regelmäßig die Aufnahmen löschen!

Strahlung: Smartphone und WLAN funktioniert durch Strahlung. Wie gesundheitsschädlich die ist, weiß noch niemand. Besser also das Smartphone auch mal weglegen und nachts nicht im Zimmer lassen.

Tracking (sprich: Träcking): Das ist eine besonders fiese Form der Cookies. Beim Tracking werden Daten über dich gespeichert. Wenn du dann eine ganz andere Webseite besuchst, wirst du dort mit auf dich abgestimmter Werbung verfolgt. In fast jedem Browser kannst du Tracking bei den „Einstellungen“ einschränken.

Trojaner: Ist ein Virusprogramm, das Hacker in einer anderen Datei versteckt haben. Damit ist es Fremden möglich, deinen Computer aus der Ferne zu kontrollieren.

Ungeeignete Inhalte: Im Internet gelangst du vielleicht auch auf Seiten mit Krieg, Gewalt oder Pornografie. Das passiert manchmal sehr schnell, ohne dass du etwas dafür kannst. Gerätst du versehentlich an solche Inhalte, schließe die Seite und hole deine Eltern zu Hilfe.

Update (sprich: Appdäit): Aktualisierungen bei Computern, Smartphones und Tablets. Sie sind wichtig, weil sie Sicherheitslücken schließen. Du wirst in der Regel benachrichtigt, wenn es ein neues Update gibt.

Verbraucherzentrale: Wenn du aus Versehen ein Abo abgeschlossen oder in einem Spiel zu viel Geld ausgegeben hast, dann wende dich mit deinen Eltern an die örtliche Verbraucherzentrale. Eine Übersicht findest du unter www.verbraucherzentrale.de

Virus: Schadprogramm, das deine Daten, aber auch die Geräte zerstören kann. Ein Virenscanner hilft.

Virenscanner: Virenscanner sind Programme, die Viren erkennen und dich warnen. Ein solches Programm solltest du auf dem Computer installiert haben und regelmäßig aktualisieren.

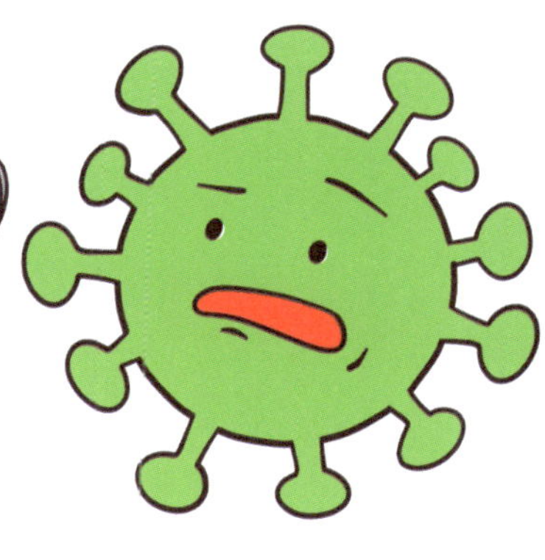

Uff – einfach mal abschalten

Manchmal nervt das Smartphone. Du schaust immer wieder drauf, weil dich jemand anschreibt, jemand etwas postet oder dir gerade langweilig ist. Irgendwann fragst du dich: Wer hat hier eigentlich wen im Griff? Du das Smartphone oder das Smartphone dich? Viele Kinder, aber auch Erwachsene, verbringen viel zu viel Zeit damit. Das ist deswegen nicht gleich eine Sucht (siehe Kasten). Trotzdem schadet auch eine übertriebene Nutzung und kann Kopfschmerzen und Augenschmerzen, Unruhe, Schlaflosigkeit oder große Traurigkeit (Depression) auslösen.

Schon wieder unterbrochen. Leider sind Erwachsene da auch keine guten Vorbilder.

Können Spiele, WhatsApp und andere Dinge süchtig machen?

Ja. Es gibt Online-Spielsucht. Viele Computerspiele sind so gemacht, dass sie am Anfang sehr leicht sind, damit du schnell Erfolg hast. Das löst im Gehirn Glücksgefühle aus. Sobald du weiterspielst und es schwieriger wird, wirst du alles tun, um wieder diese tollen Gefühle zu bekommen. Auch WhatsApp-Nachrichten können dein Gehirn trainieren. Wenn eine neue Nachricht kommt, reagierst du mit Neugier und Freude. Daran erinnert sich dein Gehirn, wenn das Gerät das nächste Mal brummt und vibriert. Viele Menschen gehen damit gut um, einige aber nicht. Online-Spielsucht kommt bei Kindern vor, wenn auch eher selten. Diese Kinder brauchen dringend medizinische und psychologische Hilfe. Aber nicht jeder ist süchtig. Bei den meisten ist es eher eine stark übertriebene Smartphone-Nutzung. Aber auch die sollte nicht zur Gewohnheit werden. Im folgenden Test kannst du sehen, wie es um dich steht.

Und woran erkenne ich, ob ich im Umgang mit Smartphone & Co schon süchtig bin?

Wenn du …

- an gar nichts anderes mehr denken kannst und dieser Druck ganz schlimm für dich ist.
- dich mehr und mehr von deinen Eltern und Freunden zurückziehst.
- nicht mehr an gemeinsamen Aktivitäten wie Essen teilnimmst.
- wenn du tagsüber schläfst und die Nacht zum Tage machst.
- wenn du wütend wirst, weil deine Eltern mit dir über dein Spiel- oder Konsum-Verhalten reden wollen.

Mitmachen

Ja, bin ich denn schon süchtig? Ein kleiner Psychotest

1. Eine WhatsApp-Nachricht kommt. Ich …

A muss sofort nachschauen, könnte was Wichtiges sein.

B schaue nicht sofort nach, aber es macht mich schon unruhig.

C schaue erst nach, wenn ich Zeit habe.

2. Ich spiele gerade am Smartphone „Bäng-Bumm-Autsch“. Meine Eltern wollen, dass ich sofort aufhöre, weil das Essen auf dem Tisch steht. Ich habe aber gerade den Endgegner am Wickel.

A JA, HALLO? SPINNEN DIE??? HABE JETZT ECHT KEINE ZEIT FÜR SO EINEN SCHEISS!!!!

B Ich erkläre die Sache mit dem Endgegner, spiele weiter und mache danach aus.

C So wichtig ist mir das nicht. Ich kann den auch ein anderes Mal besiegen.

3. Auf dem Weg zur Schule merke ich, dass ich mein Smartphone vergessen habe.

A Ich kehre noch mal um, egal ob ich dann zu spät komme.

B Ich gehe weiter, aber ich fühle mich den ganzen Tag, als ob was fehlt.

C Kann ja mal passieren. Nachmittags habe ich es ja wieder.

Teste dich!
Noch mehr Fragen findest du auf der nächsten Seite.

4. In der Schule findet ein Experiment statt: vier Wochen ohne Smartphone. Mitmachen?

- A Niemals! Eher vier Wochen ohne Jacke.
- B Vier Wochen sind ganz schön lang. Vielleicht probiere ich es aber aus.
- C Ui! Das ist lang. Aber mich würde es echt interessieren, wie ich darauf reagiere.

5. Bei meinem Smartphone ist in letzter Zeit ständig der Akku leer.

- A Klarer Fall, Akku hin.
- B Das muss ich mal im Auge behalten. Vielleicht bin ich zu viel am Handy.
- C Ist ein klares Anzeichen dafür, dass ich es übertreibe.

6. Ich schlafe schlecht. Woran könnte das liegen?

- A Ganz klar, die Matratze taugt nix.
- B Ich habe das Smartphone lautlos gestellt, bin aber trotzdem unruhig.
- C Ich teste mal, wie ich schlafe, wenn ich mein Smartphone eine halbe Stunde vor dem Schlafengehen rausbringe.

Auflösung:

Sehr oft A: Typ Juri
Oh je, wahrscheinlich willst du es nicht wahrhaben, aber du bist schon viel zu eng mit deinem Smartphone verwachsen. Es muss zwar nicht gleich Sucht sein, aber du verbringst deutlich mehr Zeit damit, als dir gut tut. Fahre deine Nutzung etwas herunter!

Sehr oft B: Typ Elsa
Dir ist immerhin klar, dass du da ein kleines Problem hast, und du versuchst es in den Griff zu bekommen. Vielleicht musst du etwas aufmerksamer sein, denn du unternimmst erst dann etwas, wenn jemand anders es von dir verlangt. Es wäre gut, wenn du selbst auf dich aufpassen könntest.

Sehr oft C: Typ Fritz
Hui, du bist ja richtig cool. Du nutzt, was dir nützt. Und du kannst sehr gut auf dich selbst aufpassen und Wichtiges von Unwichtigem trennen.
Weiter so!

Samiras Tipps für ein entspanntes Smartphone-Leben

- Handy zu Hause in ein Körbchen legen oder in der Handygarage parken und Dinge in Ruhe erledigen, wie etwa Essen und Hausaufgaben.
- Kein Smartphone beim Essen, Lernen und über Nacht.
- Kein Smartphone als Wecker, lieber einen richtigen Wecker.
- Flugmodus aktivieren, um sich ungestört auf seine Aufgaben konzentrieren zu können
- Beim Computer-Spielen Wecker stellen und nach der abgelaufenen Zeit wirklich aufhören!
- Dinge ohne Smartphone unternehmen!

Mach deinen Medienführerschein!

Bis hierher hast du jede Menge über die guten und schlechten Seiten von Smartphone, Internet, Games und vielen weiteren Themen erfahren.

Nun bist du bereit:
Mach deinen Medienführerschein!

Viel Spaß!

Die Lösungen zu den 115 Prüfungsfragen findest du auf den Seiten 60 bis 62.
Deine Urkunde ist auf Seite 63.

Mach deinen Medienführerschein

Die Prüfung beginnt:

1. Woraus besteht ein Computer?

- A Aus Elektrolyten
- B Aus Hardware und Software
- C Aus Legotechnik

2. Was ist Hardware?

- A Eine besonders harte Musikrichtung
- B Ein Computerspiel ab 18 Jahren
- C Alles am Computer, was sich anfassen lässt: Bildschirm, Rechner, Tastatur

3. Worin unterscheidet sich ein Computer von einem Notebook?

- A Das Notebook ist leichter, kann überallhin mitgenommen werden und kommt wegen des Akkus längere Zeit ohne Steckdose aus.
- B Der Computer ist viel größer und kann deshalb mehr als das Notebook.
- C Sie unterscheiden sich nicht wirklich.

4. Programme und Apps zählen zur ...

- A Software.
- B Saftware.
- C Hardware.

5. Was ist ein Smartphone?

- A Eine Mischung aus Handy, Computer und Spiele-Konsole
- B Ein Telefon, mit dem ich noch schlauer werde
- C Das Haustelefon des Internets

6. Was stimmt?

- A Smartphone und Tablet bedienst du auf ähnliche Weise.
- B Computer und Sprachassistenten bedienst du auf ähnliche Weise.
- C Smartphone und Tablet bedienst du nicht auf ähnliche Weise.

7. Wie bedient Luisa Smartphones und Tablets?

- A Durch Aufschrauben und Zuschrauben
- B Durch Wischen und Tippen
- C Durch Waschen und Tappen

8. Wie benutzt Samira die Computermaus?

A Mit Mausknick und Doppelknick

B Mit Mauskick und Doppelkick

C Mit Mausklick und Doppelklick

9. Was ist ein Sprachassistent?
(Mehrfachantworten)

A Ein Minicomputer, der auf Sprachbefehle reagiert. Zum Beispiel: „Erzähl einen Witz."

B Ein Übersetzungsprogramm, das zum Beispiel in Echtzeit ein Gespräch zwischen einem Chinesen und dir dolmetscht.

C Ein Programm im Smartphone, das auf Sprachbefehle reagiert.

10. Sprachassistenten werden auch kritisch gesehen. Warum?

A Viele Menschen fühlen sich damit unwohl und haben Angst, dass die Geräte immer zuhören. Selbst wenn keiner mit ihnen spricht. Das ist schon vorgekommen.

B Viele Menschen finden, dass Sprachassistenten eine zu unfreundliche Stimme haben.

C Viele Menschen finden, dass Sprachassistenten häufig nicht ihre eigene Meinung sagen, sondern ihrem Besitzer alles nachplappern.

11. Was ist falsch?

A Skills sind Programme für den Sprachassistenten „Alexa". In Deutschland gibt es über 5000 Skills.

B Skills sind Punkte, die du bei „Fortnite" sammelst.

C Skill ist Englisch und heißt auf Deutsch „Geschick" oder „Fähigkeit".

12. Apps steht für ...

A die Kurzform von Apple-Geräten („Mein App lädt gerade auf.").

B Apparat, das Gerät. Manche sagen auch zärtlich „Appi" dazu.

C Application (englisch für Anwendung). Damit sind Programme für Smartphones und Tablets gemeint.

13. Was ist Hardware und was ist Software? Schreibe die Begriffe auf die richtige Seite.

PC

Drucker

App

Smartphone

Virenschutzprogramm

Spielkonsole

Programm

Fortnite

Tablet

Skill

Word

14. Der Begriff Computer bedeutet …

- (A) Rechner. Die ersten Computer waren reine Rechenmaschinen.
- (B) Schreiber. Die ersten Computer waren reine Schreibmaschinen.
- (C) Leser. Die ersten Computer waren reine Lesegeräte.

15. Was ist ein Computer-Chip?

- (A) Ein besonders fitter Computerexperte
- (B) Das Knabberzeug beim Computerspielen
- (C) Ein sehr kleines elektronisches Bauteil. Durch so genannte Mikrochips passen Computer auch in kleinste Geräte.

16. Die ersten Computer waren so groß, dass …

- (A) Menschen darin laufen konnten.
- (B) die passenden Werkzeuge noch gebaut werden mussten.
- (C) die Telefonrechnung wahnsinnig teuer wurde.

17. Wie hieß der berühmteste deutsche Computererfinder?

- (A) Alfred Taste
- (B) Konrad Zuse
- (C) Albert Einstein

18. Welche Aussage ist falsch?

- (A) Es gibt heute kaum noch Berufe, die ohne Computer auskommen.
- (B) Computer sind nützlich im Alltag und in der Schule.
- (C) Es gibt heute kaum noch Computer, die ohne Beruf auskommen.

19. Warum musst du lernen, mit einem Computer umzugehen?

- (A) Der Umgang mit dem Computer ist mittlerweile so wichtig wie Lesen, Schreiben und Rechnen.
- (B) Musst du gar nicht, der Umgang mit dem Smartphone reicht aus.
- (C) Weil Computer sonst machen, was sie wollen.

20. Windows, macOS und Ubuntu sind …

- (A) Kühlsysteme, ohne die Computer heiß laufen.
- (B) Betriebssysteme, ohne die der Computer nicht weiß, was er tun soll.
- (C) Betriebssysteme, ohne die du nicht weißt, wann es PC-Probleme gibt.

21. Wie heißt ein Betriebssystem für Smartphones?

- A iOS
- B SOS
- C SMS

22. Computerspiele sind Software und müssen programmiert werden. Wie heißt der entsprechende Beruf?

- A Playologe
- B Spielekomponist
- C Programmierer

23. Was ist eine Programmiersprache?

- A Es ist die Sprache, in der Programme für den Computer geschrieben werden.
- B Es ist die Fachsprache der Programmierer. Wenn die miteinander reden, verstehen das andere Leute nicht.
- C *Lingua computera*. Es ist die alte Sprache der ersten Computer aus der Römerzeit.

24. Das Digitalisieren von Medien funktioniert nach dem Dual-System. Der Computer versteht nur zwei Zahlen. Welche sind es?

- A 4 und 5
- B 1 und 0
- C 1 und 2

25. Was meint der Begriff Neue Medien?

- A Medien wie Filme, Bücher, Musik, die auf Smartphone, Tablet und Computer genutzt werden. Aber auch Webseiten, Computerspiele und Wetterapps.
- B Bücher, Filme und Musik, die gerade brandneu erschienen sind.
- C Neue Medien nutzen nur junge Menschen.

26. Was ist Digitalisieren?

- A So wird das Signalisieren mit der iPhone-Taschenlampe genannt.
- B Die Umwandlung von Medien wie Büchern, Musik oder Filmen in Computerdaten mit dem Dualsystem.
- C Ein anderes Wort für „rumhängen“: „Ey Alter, ich digitalisiere gerade voll ab.“

27. Wie merkt sich der Computer die eingegebenen Informationen?

A Er notiert sich alles auf Klebezettelchen.

B Dafür hat er ein Gehirn.

C Er speichert sie auf der Festplatte.

28. Daten steht im Zusammenhang mit Computer nicht für …

A Name, Adresse, Telefonnummer.

B alles, was digitalisiert wurde.

C daten (sprich: däiten), englisch für „miteinander ausgehen“.

29. Was ist das „Internet“?

A Ein digitales Medium für Information, Kommunikation, Einkauf und Unterhaltung

B Die genaue Bezeichnung für das Zwischennetz. Inter = zwischen.

C Ein Programm

30. Das Internet funktioniert, weil __________ viele Rechner miteinander verbunden sind. Welches Wort fehlt?

A weltweit

B deutschlandweit

C mit Schrauben

31. Wie werden die Großrechner genannt, die ihre Informationen in kleinen Datenpaketen hin- und herschicken?

A Vesper

B Surfer

C Server

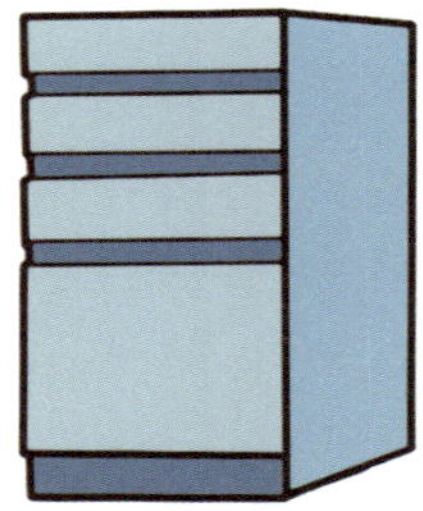

32. Um mit Geräten zu Hause ins Netz zu kommen, braucht Luisa einen …

A Browser.

B Router.

C Bohrer.

33. Wie heißt das Kabel, das den Router mit dem Computer verbindet?

A LAN-Kabel

B LANG-Kabel

C LAHM-Kabel

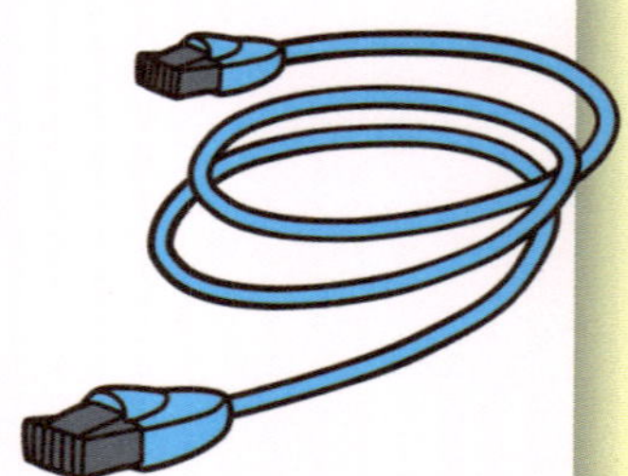

34. Wenn du kabellos ins Netz gehst, gibt es dafür einen Fachbegriff. Er lautet:

A ELAN

B WOLAN

C WLAN

35. „Free WiFi“ steht an vielen Türen von Cafés. Was bedeutet das?

- (A) Hier gibt es ein öffentliches WLAN.
- (B) Das Café unterstützt die Aktion „Free WiFi – Befreit Wilde Fischotter“.
- (C) Hier gibt es einen Internetanschluss, aber du musst dein eigenes LAN-Kabel mitbringen.

36. Offline sein meint, ...

- (A) nicht mehr mit dem Internet verbunden zu sein.
- (B) dass Smartphone oder Tablet kaputt sind.
- (C) dass der Router Störungen hat.

37. Was bedeutet was: Kreuze an.

	A	B	C
scrollen	blättern	rollen	trollen
einloggen	offline gehen	online gehen	online Locken
ausloggen	offline gehen	online gehen	essen gehen
uploaden	abladen	hochladen	Obstladen
downloaden	nachladen	hochladen	herunterladen

38. Was ist eine Flatrate?

- (A) Ein Ratespiel fürs Handy
- (B) Ein pauschale Gebühr für Telefon- und Internetnutzung
- (C) Der Internetzugang in Großbritannien

39. Was stimmt nicht?

- (A) Ein Browser (sprich: Brauser) ist ein Programm, das Internetseiten anzeigt.
- (B) Ein Browser ist ein Programm, um im Internet zu surfen.
- (C) Ein Browser ist ein Programm, das die Wassertemperatur der Dusche regelt.

40. Jeder Computer, der ins Internet geht, hat eine IP-Adresse. IP (sprich: Ei-Pi) steht für ...

- (A) Internet-Protokoll.
- (B) Internet-Portokosten.
- (C) Internet-Popovoll.

41. **Cookies sind digitale Datenkrümel. Sie merken sich auf Webseiten, was du bei deiner letzten Nutzung dort gemacht hast. Manchmal ist das praktisch, aber oft sind diese Cookies zu neugierig. Du kannst …**

A nichts dagegen tun.

B sie im Browser über die Funktion „Einstellungen“ sperren.

C mit dem Webfeger wegfegen.

42. **Links im Internet sind …**

A das Gegenteil von rechts.

B Weiterleitungen zu anderen Webseiten.

C gemeine Tricks.

43. **Was ist keine Suchmaschine?**

A Ein Programm, das superschnell das Internet nach Suchbegriffen durchforstet.

B Google

C Eine Maschine, die den zweiten Socken wiederfindet.

44. **Kindersuchmaschinen sind …**

A Suchmaschinen, die nur Internetseiten finden, die für Kinder gut verständlich sind.

B Suchmaschinen, die nur Internetseiten finden, die von Kindern gemacht wurden.

C Suchmaschinen, mit denen Kinder Chatfreunde finden können.

45. **Toni möchte etwas über die Ernährung von Pinguinen wissen. Welche Methoden sind beim Benutzen einer Suchmaschine hilfreich?** (Mehrfachantworten)

A Er stellt eine Frage: *Was fressen Pinguine?*

B Er gibt mehrere Suchbegriffe ein: *Pinguine, Ernährung, Fressverhalten.*

C Er benutzt Wörter wie UND oder ODER: *Pinguine und Ernährung oder Fressverhalten.*

46. **Suchmaschinen finden viele Informationen. Aber wo kannst du sonst noch nach Informationen suchen?** (Mehrfachantworten)

A In Sachbüchern und Lexika

B In Schul- und öffentlichen Bibliotheken

C Im Grübelnet

47. Was ist Wikipedia?

- (A) Eine Wikingersiedlung
- (B) Ein Nachschlagewerk im Internet
- (C) Eine Sprache

48. Was ist richtig?

- (A) Das Klexikon ist ein Schulbuch von Lehrern für Kinder.
- (B) Das Klexikon ist eine Internetseite über Kleckse.
- (C) Das Klexikon ist die Kinderseite von Wikipedia.

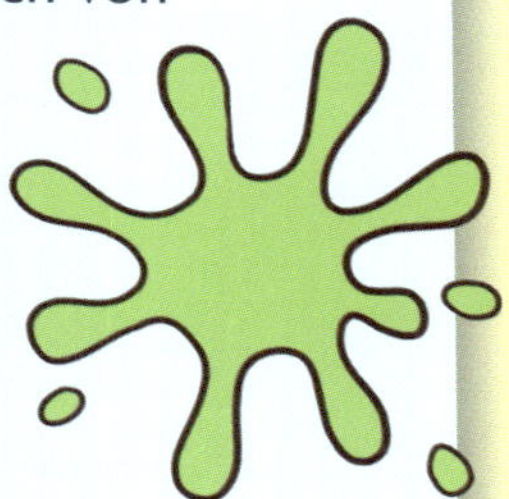

49. Im Internet kann jeder seine Meinung sagen. Das ist gut und demokratisch. Trotzdem kommt es oft zu krassem Fehlverhalten. Welches ist noch am harmlosesten?

- (A) Manche Menschen drohen Andersdenkenden.
- (B) Manche Menschen halten sich nicht an die Rechtschreibregeln.
- (C) Manche Menschen beleidigen andere.

50. Falschnachrichten heißen …

- (A) Fake Nuss.
- (B) Fake News.
- (C) Cake News.

51. Ringo will sich im Internet den aktuellen Kinofilm „Die 1000 Kröten von Tröta“ auf sein Smartphone herunterladen. Darf er das?

- (A) Ja, aber nur in englischer Sprache.
- (B) Nein, denn der Film wurde fürs Kino gedreht und kommt auf dem Smartphone nicht gut rüber.
- (C) Nein, denn der Film ist urheberrechtlich geschützt.

52. Viele Dinge im Netz sind kostenlos. Aber stimmt das wirklich?

- (A) Ja, ist doch super.
- (B) Nein. Viele Seitenbetreiber sammeln Informationen über dich oder spionieren dich aus. Du bezahlst also mit Informationen über dich.
- (C) Ja, sonst würde doch keiner das Internet nutzen.

53. Im Netz gibt es viele Pädophile. Aber was bedeutet das?

- (A) Das sind Erwachsene, die sich mit Kindern über Sex unterhalten oder zum Sex verabreden wollen.
- (B) Das sind Erwachsene, die keine Kinder mögen.
- (C) Das sind Erwachsene, die Kindern ihr Taschengeld abquatschen wollen.

54. **Du weißt im Netz nie, wer der andere wirklich ist. Was solltest du niemandem verraten, den du nicht persönlich kennst?**
(Mehrfachantworten)

- A Deinen echten Namen
- B Dein Alter
- C Deine Adresse und Telefonnummer
- D Dein Lieblingsessen

55. **Wenn dich jemand bittet, Fotos von dir im Bikini oder Badeanzug oder gar Nacktfotos zu senden, dann …**

- A schickst du demjenigen die Bilder.
- B rufst du sofort deine Eltern. Ihr macht einen Screenshot (eine Bildschirmaufnahme) der Nachricht und geht damit zur Polizei.
- C machst du den Computer oder das Smartphone aus.

56. **Welchen Wirkung haben viele Fake News auf uns? Sie machen …**
(Mehrfachantworten)

- A einen Riesenspaß.
- B Angst.
- C wütend.

57. **Warum gibt es Fake News?**
(Mehrfachantworten)

- A Meistens aus politischen Gründen, um Bürger bei einer Wahl zu beeinflussen.
- B Um mehr Unruhe und Unsicherheit zu verbreiten.
- C Um die Nachrichtenwelt ein wenig interessanter zu machen.

58. **Wie könnte Samira Fake News erkennen?**
(Mehrfachantworten)

- A Sie überprüft die Nachricht, indem sie sie in eine Suchmaschine eingibt. Schreiben auch andere bekannte Zeitungen darüber, stimmt die Behauptung.
- B Sie schaut auf www.hoaxmap.org und www.mimikama.at nach.
- C Sie zählt die Adjektive. Sind es zu viele, kann die Nachricht höchstwahrscheinlich nicht stimmen.

59. **E-Mails versendest du mit Computer, Smartphone und Tablet. Wofür steht das „E“ in E-Mail?**

- A Eile (E-Mail = eilige Post)
- B Elektronisch (E-Mail = elektronischer Brief)
- C Ehrlich (E-Mail = ehrliches Schreiben)

60. Welche der Möglichkeiten könnte eine echte E-Mail-Adresse sein?

- A lina§schnubbidu.de
- B lina%schnubbidu.de
- C lina@schnubbidu.de

61. Das Zeichen @ steht für …

- A At (sprich: ätt), englisch für „bei", und ordnet deinen Namen deinem E-Mail-Anbieter zu.
- B Fat (sprich: fät), englisch für „fett", und sagt, ob deine E-Mail zu groß oder zu schwer ist.
- C On, englisch für „an", und sagt, wann deine E-Mail ankommt.

62. Attachment (sprich Ättätschment) in einer E-Mail bedeutet, dass …

- A du die E-Mail auf dem Smartphone oder Tablet *antatschen* kannst.
- B du eine Datei (Text, Bild) anhängen (attachment = englisch für Anhang), also mitschicken, kannst.
- C die E-Mail strengstens auf Viren geprüft wurde.

63. Toni schreibt Samira eine Mail. Auch Luisa soll sie erhalten. Er setzt sie also in …

- A WC
- B PC
- C CC

64. Das 🗑 in einem E-Mail-Programm bedeutet:

- A E-Mail luftdicht lagern
- B E-Mail auf Fehler prüfen
- C E-Mail löschen

65. Luisa schreibt eine E-Mail an ihre Lehrerin. Was sollte in keiner E-Mail fehlen?

(Mehrfachantworten)

- A Eine freundliche Anrede: „Liebe Frau Niedermeier"
- B Ein Abschiedsgruß: „Viele Grüße! Luisa"
- C Ein Sticker

66. Was bedeutet Instant Messenger (sprich: Instent Mässenscher)

- A Sofortiges Massieren
- B Sofortige Benachrichtigung
- C Genaue Messungen

67. Warum ist eine WhatsApp-Nachricht praktischer als eine E-Mail? (Mehrfachantworten)

A Weil die Nachricht meist kurz ist und du oft schneller zur Sache kommst.

B Weil du durch Klingeltöne und Vibration direkt merkst, dass du eine Nachricht erhalten hast.

C Weil die Nachricht schneller durchs Netz geht als eine E-Mail.

68. Snapchat (sprich: Snäp-Tschet) ist ein besonderer Messenger, denn … (Mehrfachantworten)

A die Nachrichten verschwinden, nachdem sie angesehen oder gelesen wurden.

B Snapchat hat eine eigene Sprache: Snäpsisch.

C es gibt lustige Filter, mit denen du viele Quatschfotos machen kannst.

69. Das Wort Chat kommt aus dem Englischen und bedeutet

A Schwitz. Lass uns schwitzen.

B Schwatz. Lass uns schwatzen.

C Schwutz. Lass uns schwutzen.

70. Samira chattet gerne. Was ist die größte Gefahr in einem Chat?

A Dass sie sich vertippt.

B Dass niemand antwortet.

C Dass sie mit Fremden in Kontakt kommt.

71. Toni und Lorna bekommen Streit auf WhatsApp. Was kannst du ihnen raten?

A Geduld. Ein Streit lässt sich auch im Chat gut lösen.

B Ein Treffen oder ein Telefonat. Ein Streit lässt sich im Chat meist nicht gut lösen.

C Eine Freundschaftspause, bis sich beide beruhigt haben.

72. Wieso kann es in einem Chat leichter zu Streit kommen? (Mehrfachantworten)

A Deine Nachricht kann anders rüberkommen, als du sie gemeint hast.

B Es ist einfacher, etwas Gemeines zu schreiben, als es jemandem direkt zu sagen.

C Weil du manchmal zu schnell antwortest, ohne noch einmal nachzudenken.

73. Was sind Netzwerke?

A Stromanbieter

B Gemeinschaften. Zum Beispiel die Schulklasse, die Familie, Freunde.

C Besonders kunstvoll gehäkelte Netze

74. Was sind einige der Vorteile von sozialen Netzwerken?

(Mehrfachantworten)

A Du kannst Kontakt zu Freunden halten, die in einer anderen Stadt oder einem anderen Land leben.

B Du erfährst schnell Neuigkeiten.

C Sie machen Spaß.

D Sie kosten kein Geld.

75. Was bedeutet, etwas in sozialen Netzwerken zu kommentieren?

A Du schreibst deine Meinung zu dem Thema ins Netz, sodass es andere Nutzer sehen können.

B Du erzählst einem Freund, was du gelesen hast.

C Du meldest dich dort an.

76. Posten ist zum Beispiel, wenn Luisa ...

(Mehrfachantworten)

A ein Bild auf Instagram hochlädt.

B einen Text auf Facebook schreibt.

C einen Brief zur Post bringt.

77. Was sind einige der Nachteile von sozialen Netzwerken?

(Mehrfachantworten)

A Nachteile gibt es nur bei Fiesbook. Und da bist du gar nicht.

B Du kannst mit Fremden in Kontakt geraten. Das kann sogar gefährlich werden.

C Betreiber der sozialen Netzwerke spionieren dich aus, indem sie deine Daten und dein Kaufverhalten auswerten.

78. In sozialen Netzwerken gilt folgender Grundsatz:

A Erzähle möglichst viele persönliche Dinge über dich, damit dich andere besser kennenlernen.

B Sei sparsam mit Informationen über dich. Viele Dinge gehen Fremde nichts an.

C YOLO! (You only live once - du lebst nur einmal!)

79. **Jemand, der in sozialen Netzwerken Werbung für Make-up, Games und andere Dinge macht, ist ein ...**

A Influencer.

B Keinfluenzer.

C Faulenzer.

80. **Wie werden Menschen genannt, die einem Influencer auf Instagram folgen?**

A Fallover

B Follower

C Pullover

81. **Was ist mit "Free-to-play" gemeint?**

A Verein der Freispieler

B Computerspiele, bei denen grundlegende Inhalte kostenlos gespielt werden können

C Freie Zeit, in der ausschließlich gezockt werden darf

82. **InApp-Käufe ...**

A heißen Apps, die gerade „in" sind.

B werden im InApp-Shop einkauft.

C sind Zusatzkäufe, um zum Beispiel im Spiel weiterzukommen.

83. **Oft bekommt Toni in Gratis-Spielen Dinge geschenkt. Warum?**

A Weil die Hersteller Toni eine Freude machen wollen.

B Damit sich Toni daran gewöhnt und bald Gegenstände im Spiel nachkauft.

C Die Hersteller wissen, dass Schüler nicht viel Geld haben, und sind daher großzügig.

84. **Wer sich beim Computerspielen filmt, das Spiel kommentiert und das Video hochlädt, ist ein ...**

A Let's-Payer.

B Let's-Player.

C Let's-Prayer.

85. **Toni bekommt oft Ärger mit seinen Eltern, weil er bei App-Spielen die Zeit und alles andere um sich herum vergisst. Was könnte er dagegen tun?** (Mehrfachantworten)

A Sich einen Wecker stellen. Dann weiß er, wann seine Spielzeit vorbei ist.

B Seine Eltern bitten, ihm zehn Minuten vor dem Ende der Spielzeit Bescheid zu sagen. Dann kommt das Ende nicht so überraschend.

C Gar nix. Denn so oft merken seine Eltern das gar nicht.

86. **Manche Erwachsenen behaupten, das Smartphone sei eine Art Taschengelderhöhung für ihre Kinder. Wieso?**
(Mehrfachantworten)

A Die Anschaffung des Geräts kostet Geld.

B Prepaidkarte oder Vertrag für Mobilfunknutzung kosten Geld.

C Wenn es kaputt oder verloren geht, kostet das Geld.

87. **Wieso gibt es Gutscheinkarten für iTunes, Google Play und anderes?**

A Die sehen einfach cool aus.

B Damit Menschen ohne Kreditkarte im Internet bezahlen können.

C Weil es auch Schlechtscheinkarten gibt.

88. **Mit dem Smartphone können Erwachsene an der Kasse im Supermarkt bezahlen. Wie geht das?**

A Sie tauschen. Für die Einkäufe lassen sie an der Kasse ihr Smartphone da.

B Indem sie auf Kontodaten zugreifen, die sie zuvor auf dem Smartphone hinterlegt haben.

C Ganz einfach: per E-Mail.

89. **Luisa fotografiert sich gerne selbst. Der gängige Begriff dafür lautet:**

A Selfie

B Eigenaufnahme

C Softie

90. **Selfies können richtig gefährlich sein. Warum?**

A Du wirst immer selbstverliebter und eitler.

B Du könntest einen Riesenschreck bekommen, weil du dich selbst nicht wiedererkennst.

C Durch Unachtsamkeit beim Posieren kann ein schlimmer Unfall passieren.

91. **Was bedeutet: „Das Recht am eigenen Bild“?**

A Niemand darf ein Foto von einem anderen Menschen ohne dessen Einverständnis machen oder veröffentlichen.

B Niemand darf das Fotoalbum eines anderen stehlen.

C Es ist ein rechtlicher Hinweis auf einem Foto. Zum Beispiel © Luisa.

92. Luisa sieht im Wald einen Schmetterling. Sofort macht sie mit ihrem Smartphone ein Foto. Darf sie das?

A Nein, denn der Wald gehört ja jemanden. Luisa muss den Besitzer oder den Förster fragen.

B Nein, denn Smartphones sind im Wald grundsätzlich verboten. Sie stören die Waldruhe.

C Ja, denn es wird kein Recht am eigenen Bild verletzt.

93. Toni wickelt sich mit Klopapier ein, macht dann ein Selfie und postet das Bild auf Instagram. Ist das eine gute Idee?

A Hihi, ist doch lustig.

B Nein. Irgendwann ist ihm das peinlich und das Bild ist trotzdem immer noch im Internet zu finden. Das Netz vergisst nichts.

C Ja, aber nur wenn das Klopapier unbenutzt ist.

94. Was ist YouTube?

A Das größte Videoportal der Welt

B Ein Schimpfwort, deutsch: „Du Tube!“

C Eine Sammlung anspruchsvoller Tierfilme

95. Was nervt an YouTube?
(Mehrfachantworten)

A Manche Menschen schreiben dumme Kommentare unter die Videos.

B Zu viel Werbung

C Oft fängt nach einem Video das nächste an. Es fällt schwer, ein Ende zu finden.

96. Kann YouTube gefährlich sein?

A Nein, YouTube wird doch nur von netten Leuten genutzt.

B Nein, sind doch nur Videos.

C Ja, du kannst auf brutale Inhalte stoßen.

97. Wahr oder nicht wahr: YouTube kann auch als Suchmaschine genutzt werden.

A Quatsch, das ist ein Videoportal.

B Ja, weil YouTube Google gehört.

C Ja, wenn du zu bestimmten Themen Informationen suchst, findest du auf YouTube vielleicht eine anschauliche Erklärung.

98. Netflix, Amazon Prime Video oder Sky gehören zu den …

A Dreamingdiensten

B Streamingdiensten

C Fernsehsendern

99. Urheberrecht ist ...

- A das alte Gesetz der Urheber (eigentlich: Urheba), der Ur-Einwohner Lateinamerikas.
- B ein Gewichtheber bei den Griechen der Antike – den Ur-Hebern.
- C das Recht eines Autors, Übersetzers, Illustrators, Musikers, Künstlers, Fotografen oder Filmemachers an seinem Werk. Niemand darf es ohne seine Einwilligung nutzen.

100. Was bedeutet das Urheberrecht für dich?

- A Nix
- B Ich darf diese Werke nicht ohne Einwilligung des Urhebers benutzen oder verbreiten (Filesharing).
- C Das ist ein Recht, das nur für Erwachsene gilt.

101. Darfst du Fotos aus dem Netz herunterladen?

- A Nein
- B Nur Bilder in schwarz-weiß
- C Nicht alle. Aber es gibt Seiten, die das ausdrücklich erlauben. Zum Beispiel www.find-das-bild.de.

102. Niemand darf Lügen über einen anderen Menschen verbreiten, seine Ehre verletzen oder seine Privatsphäre missachten. Jeder Mensch ist davor geschützt durch das ...

- A Persönlichkeitsrecht.
- B Anti-Lügen-Gesetz.
- C Recht auf Ehre.

103. Was regelt die DSGVO (Datenschutz-Grundverordnung)?

(Mehrfachantworten)

- A Bevor andere deine Daten nutzen, musst du erst zustimmen.
- B Du darfst deine Einwilligung, dass andere deine Daten nutzen können, jederzeit zurücknehmen.
- C Du hast das Recht zu erfahren, welche deiner Daten gespeichert wurden.
- D Es gibt das Recht auf Löschung deiner Daten, wenn du möchtest.

104. Hatespeech sind Hassreden, bei denen Leute Beleidigungen und Drohungen ausstoßen. Hassreden sind ...

- A verboten. Es gibt verschiedene Gesetze, die dadurch gebrochen werden. Zum Beispiel kann der Hassredner wegen Beleidigung oder Volksverhetzung angezeigt werden.
- B völlig normal. Ist ja auch manchmal gar nicht so böse gemeint.
- C einfach nur schlechtes Benehmen.

105. Wie schützt du dich und deinen Computer, dein Smartphone oder Tablet vor Fremden? Streiche durch, was nicht stimmt.

Ich bin sparsam mit Informationen über mich.

Das beste Passwort ist „Passwort“.

Ich lege abends eine Decke über meine Geräte.

Regelmäßige Updates (Aktualisierungen) schützen vor Viren und anderen Dingen.

Manchmal lerne ich jemanden im Chat kennen. Wenn der nett ist, finde ich nichts dabei, ihm alles zu erzählen.

Ich klebe meine Kamera ab.

Besser ist es, alle zwei Jahre einen neuen Computer oder ein neues Smartphone zu kaufen.

Nur meinen Freunden im Netz erzähle ich ALLES.

Ich vertraue keinem, den ich nicht persönlich kenne.

Mein Bruder passt auf.

Ich habe am PC eine Firewall, damit kein Fremder Zugriff darauf hat.

Ich schicke niemandem Bilder von mir.

Ich suche mir ein gutes Passwort.

Ich schicke nur meinen Freunden Bilder. Auch peinliche Quatschfotos. Bei Freunden geht das.

106. Was sind Social Bots?

A Computerprogramme in sozialen Netzwerken. Sie tun so, als wären sie Menschen, und streuen Fake News.

B Ein Fachausdruck für „Freund“ in sozialen Netzwerken: „Chris ist mein bester Bot“.

C Ein Programm, mit dem du umsonst Spiele runterladen kannst.

108. Wenn Billy sich auf WhatsApp die ganze Zeit über Leni, ihre Haare und Klamotten lustig macht, dann ist das …

A Cybermobbing.

B ein harmloser Streich.

C ein ungeschickter Versuch von Billy, mit Leni ins Gespräch zu kommen.

107. Wozu sind Codes auf dem Smartphone oder Tablet gut?

A Sie sind so schön geheimnisvoll.

B Sie schützen vor Viren.

C Damit niemand ungefragt deine Geräte benutzt und in deinem Namen etwas behauptet oder bestellt.

109. Menschen, die über das Netz in deinen Computer einbrechen wollen, sind …

A Macker.

B Hacker.

C Kacker.

110. **Wie kannst du vermeiden, dass ein Fremder Geld von deinem Handyguthaben abzieht?** (Mehrfachantworten)

A Du gibst nirgends im Netz deine Handynummer ein.

B Du beantragst beim Mobilfunkbetreiber eine sogenannte Drittanbietersperre.

C Du beantragst bei der Bundesregierung eine sogenannte internationale Geldsperre.

111. **Samira bekommt eine WhatsApp: „Sende diese Nachricht an 20 weitere Leute oder dein Haustier stirbt.“ Was tut sie?**

A Sie bringt ihr Haustier besser in Sicherheit.

B Sie geht zur Polizei. Die weiß, was zu tun ist.

C Sie löscht die Nachricht. Das ist nur ein blöder Kettenbrief.

112. **Was schützt dich vor Computerviren und anderer fieser Software?**

A Ein Virenschutzprogramm

B Ein Computerschutzmantel

C Ein Anti-Viren-Spray

113. **Streiche die vier Passwörter durch, die leicht zu knacken sind.**

A zuZU22-*ak1o&/o

B Passwort

C 12345

D 3se1sBrü%

E Trowssap

F Toni2008

114. **Spam ist …**

A die Abkürzung für Superprogramm.

B unerwünschte Werbung.

C ein Virus.

115. **Luisa hat eben nach Sneakern im Netz gesucht und wird danach auf vielen Webseiten von Werbung für Turnschuhe verfolgt. Der Fachausdruck dafür ist:**

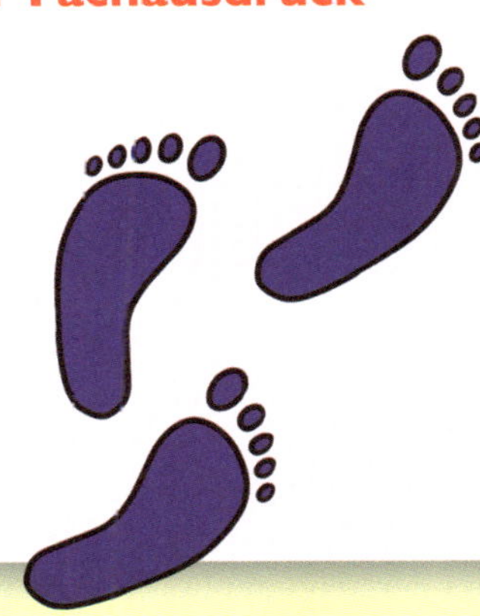

A Tracking

B Drecking

C Fracking

Lösungen

Seite 42/43

1. B

2. C

3. A

4. A

5. A

6. A

7. B

8. C

9. A, C

10. A

11. B

12. C

13.
Hardware: PC, Drucker, Smartphone, Spielkonsole, Tablet

Software: App, Virenschutzprogramm, Programm, Fortnite, Skill, Word

______ von 13 Punkten

Seite 44/45

14. A

15. C

16. A

17. B

18. C

19. A

20. B

21. A

22. C

23. A

24. B

25. A

26. B

______ von 13 Punkten

Seite 46/47

27. C

28. C

29. A

30. A

31. C

32. B

33. A

34. C

35. A

36. A

37.
scrollen = blättern
einloggen = online gehen
ausloggen = offline gehen
uploaden = hochladen
downloaden = herunterladen

38. B

39. C

40. A

______ von 14 Punkten

Lösungen

Seite 48/49

41. B
42. B
43. C
44. A
45. A, B, C
46. A, B
47. B
48. C
49. B
50. B
51. C
52. B
53. A

______ von 13 Punkten

Seite 50/51

54. A, B, C
55. B
56. B, C
57. A, B
58. A, B
59. B
60. C
61. A
62. B
63. C
64. C
65. A, B
66. B

______ von 13 Punkten

Seite 52/53

67. A, B
68. A, C
69. B
70. C
71. B
72. A, B, C
73. B
74. A, B, C, D
75. A
76. A, B
77. B, C
78. B

______ von 12 Punkten

Lösungen

Seite 54/55

79. A

80. B

81. B

82. C

83. B

84. B

85. A, B

86. A, B, C

87. B

88. B

89. A

90. C

91. A

_____ von 13 Punkten

Seite 56/57

92. C

93. B

94. A

95. A, B, C

96. C

97. C

98. B

99. C

100. B

101. C

102. A

103. A, B, C, D

104. A

_____ von 13 Punkten

Seite 58/59

105.

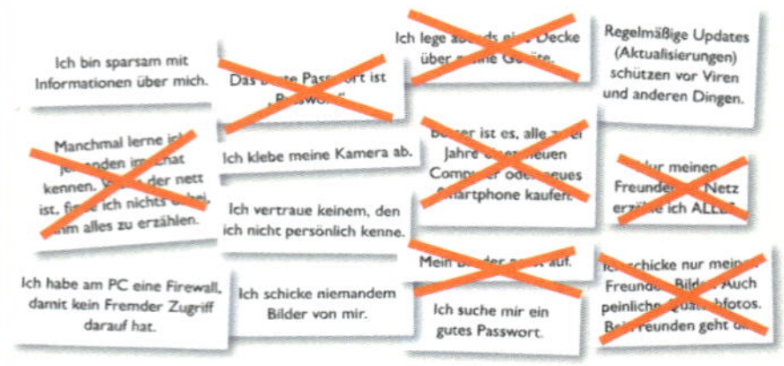

106. A

107. C

108. A

109. B

110. A, B

111. C

112. A

113. B, C, E, F

114. B

115. A

_____ von 11 Punkten

Medienführerschein

____

hat die Prüfung

mit_____ Punkten von 115 Punkten bestanden
und kennt sich aus mit

Computer

E-Mail

Internet

Gefahren im Netz

Social Media

Cybermobbing

Fotos und Videos

offline gehen

Gratulation!

Prof. Nörd

Ort und Datum

Unterschrift Prof. Nörd

BESTANDEN